$10 -

Helsingin kaupungintalo

Helsinki City Hall

Englanniksi kääntänyt /
English translation: Malcolm Hicks

Kuvaus / Photographer:
Lauri Mannermaa

Kuvausten astiat / Tableware in
the photographs: Dieta Oy

Graafinen suunnittelu ja taitto /
Graphic Design and layout:
Markus Pyörälä

Painopaikka / Printed by:
Otavan Kirjapaino Oy /
Otava Book Printing Co.
Keuruu 2008

ISBN 978-951-1- 23050-2

LAURA KOLBE

PEKKA PUHAKKA

Helsingin kaupungintalo

Historiaa ja herkkuja

Helsinki City Hall

History and Fine Food

OTAVA 1890

Helsingissä Kustannusosakeyhtiö Otava
Otava Publishing Company Ltd., Helsinki

Sisällys

Contents

Kaupunkilaisten oma talo

HELSINGIN KAUPUNGINTALON eli entisen hotelli Seurahuoneen rakentamisesta on vuonna 2008 kulunut 175 vuotta. Valmistuessaan vuonna 1833 berliiniläissyntyisen arkkitehdin Carl Ludvig Engelin suunnittelema rakennus oli Helsingin paras hotelli, joka koko 1800-luvun ajan oli kaupungin kulttuuri- ja huvielämän keskus. Siellä tarjottiin kaupungin parasta ruokaa, järjestettiin upeimmat juhlat ja Helsingin kaupunginorkesterin populaarikonsertit tarjosivat kaupunkilaisille ja kaupungissa kävijöille unohtumattomia musiikkielämyksiä.

1900-luvun alussa Helsingin kaupunki osti Seurahuoneen rakennuksen purkaakseen sen ja rakentaakseen paikalle uuden monumentaalisen kaupungintalon. Monien vaiheiden jälkeen kaupungintalo päätettiin kuitenkin sijoittaa vanhaan Seurahuoneen rakennukseen, joka avattiin kaupungintalona vuonna 1932, ja tässä roolissa se edelleen palvelee helsinkiläisiä.

Kaupungintaloon on keskittynyt kaupungin päätöksenteko ja hallinto, mutta haluamme yhä enemmän avata kaupungintaloa kaikkien kaupunkilaisten ja kaupungissa vierailevien käyttöön ja tehdä siitä myös käytännössä kaupunkilaisten oman talon. Juhlavuonna 2008 talon ala-aula avattiin uutena yleisölle avoimena näyttely- ja neuvontatilana.

Helsingin historian asiantuntija, professori Laura Kolbe on kirjoittanut tähän teokseen Seurahuone-

A house for the people of Helsinki

THE YEAR 2008 marks the 175th anniversary of the building that is now Helsinki City Hall, originally built as the Society House Hotel. Completed in 1833 to a design drawn up by the Berlin-born architect Carl Ludvig Engel, it was the city's finest hotel and a notable centre for cultural events and entertainments throughout the remainder of the 19th century. It served the best food in town, arranged the most magnificent balls and other celebrations and provided unforgettable musical experiences for the local people and visitors alike at the Helsinki City Orchestra's "Popular Concerts".

Helsinki City Council purchased the building in which the Society House (Societetshuset) functioned just after the turn of the century with the intention of demolishing it and putting up a new, monumental City Hall on the same site. After many changes of plan, however, it was finally decided to locate the City Hall in the original building, where it indeed opened its doors in 1932 and is still situated today.

Although the principal purpose of the City Hall is administration and the taking of decisions on the city's affairs, we want to open the building for the use of all our citizens and visitors and really make it into a house for the people of Helsinki. To mark this anniversary year, the lower lobby has been opened to the pubic as a new exhibition room and citizens' advice bureau.

rakennuksen ja Helsingin kaupungintalon historiaa käsittelevän artikkelin. Keittiöpäällikkö Pekka Puhakka puolestaan vastaa teoksen ruokaohjeista, jotka osaltaan kertovat, miten vanhan Seurahuoneen perinteet jatkuvat nykyisessä kaupungintalossa. Kirjan historialliset kuvat ovat pääosin peräisin Helsingin kaupunginmuseon kuva-arkistosta. Kirjan ruokakuvat sekä kuvat kaupungintalosta ovat Lauri Mannermaan käsialaa.

Jussi Pajunen
Helsingin kaupunginjohtaja

The article on the history of the Society House building and Helsinki City Hall contained in this book has been written by Professor Laura Kolbe, a noted expert on the city's history, and the recipes, telling in their own way how the tradition of fine cuisine created in the days of the Society House has lived on, have been provided by the Executive Chef of the present-day City Hall Restaurant, Pekka Puhakka. The historical photographs are mostly from the archives of Helsinki City Museum, and the modern photographs of the City Hall and the illustrations accompanying the recipes are the work of Lauri Mannermaa.

Jussi Pajunen,
Mayor of Helsinki

SEURAHUONE JA KAUPUNGINTALOKYSYMYS – UNELMAT JA TODELLISUUS

THE SOCIETY HOUSE AND THE QUESTION OF A CITY HALL – DREAMS AND REALITY

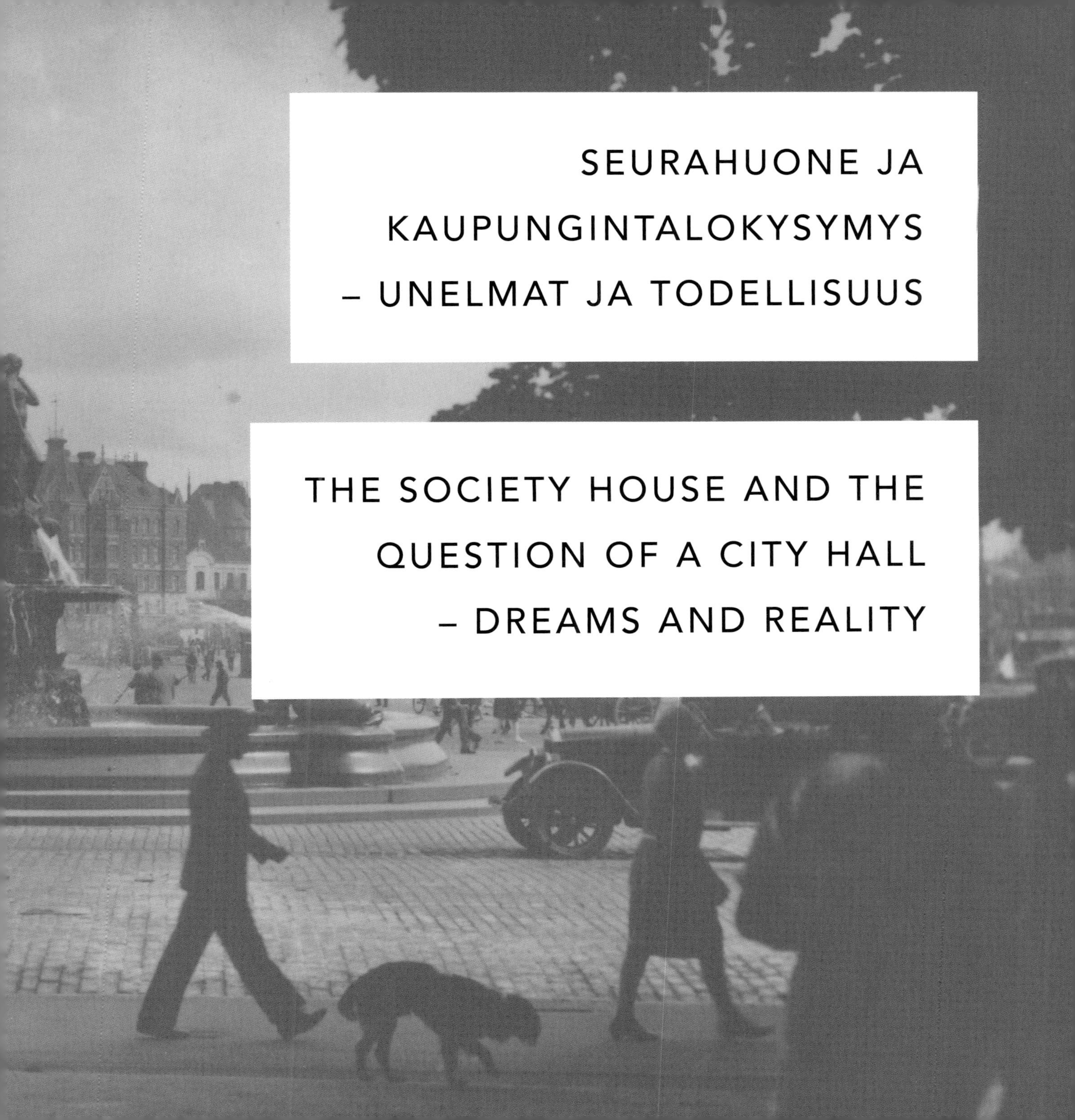

Kaupunkielämää Seurahuoneen edustalla 1890-luvulla.

City life in front of the Society House in the 1890s.

Unelma syntyy – Helsingille oma kaupungintalo

VUONNA 1896 tehtiin ensimmäinen aloite uuden kaupungintalon rakentamisesta Helsingin keskustaan, Kauppatorin ja Senaatintorin rajaamalle alueelle, Leijona-kortteliin. Helsingissä elettiin vahvan väestönkasvun ja kaupunkitoimintojen modernisoitumisen aikaa. Yksityinen puhelinverkko oli saatu valmiiksi vuonna 1882, ja ensimmäiset hehkulamput syttyivät kaksi vuotta myöhemmin. Helsingin Työväenyhdistys aloitti toimintansa 1880-luvulla. Hotelli Kämp avattiin 1887 ja taidemuseo Ateneum kaksi vuotta myöhemmin. Ensimmäinen naismaisteri valmistui yliopistosta vuonna 1882, ja naisliike järjestäytyi pian tämän jälkeen. Hevosvetoinen omnibussiliikenne alkoi Helsingissä vuonna 1888. Taloudellisen, teollinen ja sosiaalinen toimeliaisuus tuntui kaikkialla; Helsingissä kaavoitettiin, rakennettiin ja tuotettiin uutta kaupunkitilaa ennen näkemättömällä vauhdilla.

Kaupunkitoimintojen eurooppalaistumisen suuri murrosvaihe sijoittuu 1800-luvun lopulle, muuttoliikkeen, industrialismin ja liikenteen kasvuvaiheeseen. Helsinki alkoi nyt kasvaa nopeammin kuin muut kaupungit Suomessa. Suomi siirtyi metrijärjestelmään vuonna 1887, ja vuotta myöhemmin valtionhallintoon perustettiin erillinen kauppa- ja teollisuustoimituskunta (myöhemmin kauppa- ja teollisuusministeriö eli

The birth of a dream – Helsinki to have its own City Hall

THE FIRST INITIATIVE towards the building of a new city hall in the “Lion Quarter”, the area between the Market Place (Kauppatori) and the Senate Square (Senaatintori) in the centre of Helsinki, was taken in 1896, during a period of rapid population growth and urban modernization. Construction of a privately owned telephone network had been completed in 1882, and the first electric light bulbs had lit up a couple of years later. The Helsinki Labour Association had begun its activities during that same decade, the Kämp Hotel had been opened in 1887 and the Atheneum Art Museum in 1889. The first woman to gain a master’s degree at the University of Helsinki had done so in 1882, and it was not long before an organized feminist movement had sprung up. The horse-drawn omnibus became a regular part of the street scene in 1888, and signs of economic, industrial and social activity were apparent everywhere. Planning and building were going ahead at unprecedented speed.

It was then, at the very end of the 19th century, that the great breakthrough took place in the Europeanization of urban life; it was a time of expansion in migration, industrialism and transportation. And it was also the time when Helsinki began to expand more rapidly than any of the other Finnish towns. Finland went over nykyinen työ- ja elinkeinoministeriö. Samaan aikaan Suomi valmistautui esittäytymään omassa osastossaan Pariisin maailmannäyttelyssä (1889). Teollisuus, rautatiet ja satamat nousivat modernin kaupunkielämän tunnuksiksi niin Helsingissä kuin muissakin Euroopan suurkaupungeissa. Suurkaupungistuminen merkitsi sosiaalisen rakenteen monipuolistumista. Asutus alkoi levitä kantakaupungin ulkopuolelle, ja uudet kaupunginosat alkoivat saada toisistaan poikkeavia luonteenpiirteitä. Etelä-Helsinkiin, Esplanadinpuiston ympärille, kasvoi moderni, porvarillinen ja urbaani *city*-alue. Pohjoisesplanadi kuvastaa pienoiskoossa Helsingin kasvua venäläisestä pikkukaupungista Itämeren erääksi liike- ja kauppaelämän keskukseksi. Siitä kehittyi kaupungin laajenevan kauppiasporvariston toiminnan näkyvin ja varhaisin alue.

Kun valtiopäivätoiminta alkoi vuonna 1863, tuli politiikka ja moderni kansalaisjärjestötoiminta pääkaupunkiin. Helsingin vanhaan hallintoytimeen, Senaatintorin tuntumaan sijoittuivat 1800-luvun lopulla ensimmäiset nykyaikaiset poliittiset ja kansalliset rakennukset. Valtiopäivätoiminnan alkaminen ajankohtaisti Ritarihuoneen ja Säätytalon suunnittelun. Valtion uusia toimintoja osoittivat Suomen Pankki ja valtionarkisto. Suomalaisen Kirjallisuuden Seuran rakennus vahvisti kulttuurin paikan ja kielen merkityksen pääkaupungissa. Ylioppilastalo Aleksanterinkadun toisessa päässä ilmensi akateemisen yhteisön yhteiskunnallista roolia. Kaikissa näissä rakennuksissa näkyi kansalaisyhteiskunnan järjestäytyminen, poliittisen toiminnan ja puoluemuodostumisen alkaminen.

Valtiollisen ja taloudellisen toimeliaisuuden ohessa tapahtui muutoksia kunnallishallinnossa. Kaupunkien kunnallishallinto uudistettiin perusteellisesti vuonna

to the metric system in 1887, and a separate committee for business and industry was set up within the state administration the following year, later to become the Ministry of Trade and Industry, currently the Ministry of Employment and the Economy. At the same time the country was preparing to appear before the eyes of the world with its own stand at the 1889 World Exhibition in Paris. Industry, railways and ports were emerging as symbols of urban life in Helsinki as in the other major cities of Europe, and this growth into a metropolis also meant a diversification of the social structure. Settlement began to spread beyond the city centre, and the new districts began to take on distinctive features of their own. The southern part of the city, around the park known as the Esplanade, developed into a modern, urbane, merchant-class area, while the North Esplanade became a microcosm of the transformation of Helsinki from a small Russian town into a major centre of business and commerce in the Baltic, as it was here that the commercial activities of the expanding merchant class became most visible and at the earliest stage.

Politics and the activities of modern-style civic organizations had come to the city in 1863, with the commencement of regular sessions of the Diet, and by the end of the century the first political and national buildings of the modern age had appeared in the heart of the city, in the immediate proximity of the Senate Square. The meetings of the Diet had prompted the designing of the House of the Nobility and the House of the Estates, and the development of new state functions was reflected in the buildings erected for the Bank of Finland and the State Archives. Meanwhile the building owned by the Finnish Literature Society reminded people of the place of culture in their lives and the

1873 annetulla asetuksella. Asetus lakkautti porvariston etuoikeutetun aseman kunnallisasioissa ja laajensi samalla kaupunkikuntien toimivaltaa. Uuden, hallinnollisesti yhtenäisen kaupunkikunnan huolehdittavaksi annettiin kaikki ne lukuisat tehtävät, joista porvaristo, talonomistajat ja muut kaupungin asukkaat aiemmin olivat vastanneet. Virkamiesvetoisuutta vähennettiin ja valtaa siirrettiin kaupunginvaltuustolle. Siitä tuli vuodesta 1875 ylin päättävä elin kaupunginvanhimpien sijaan. Valtuusto valittiin yleisillä vaaleilla kolmeksi vuodeksi kerrallaan. Maistraatti jatkoi ylimpänä hallintoelimenä, ja se valvoi edelleen kaupungin omaisuutta, tuloja ja oikeuksia. Lauta- ja hallintokunnat vastasivat valtuuston päätösten toimeenpanosta. Raastuvanoikeus jakoi oikeutta. Uusia kunnallisia tehtäviä olivat muun muassa köyhäinhoito- ja kansakouluasiat sekä paloturvallisuus.[1]

Uudistuksista tärkein liittyi kunnallisverotukseen. Se menetti luokkaluonteensa, kun siirryttiin yhteiseen veroon. Vuoden 1875 jälkeenkään äänioikeus kaupungeissa ei vielä ollut yleinen ja yhtäläinen, vaan se oli sidoksissa verotettavaan tuloon. Äänioikeutta vaille jäivät ne, jotka eivät olleet verovelvollisia (vähävaraiset), tai olivat edusmiehisyyden tai isäntävallan alaisia (naiset ja palkolliset).[2] Vuoden 1873 lainsäädäntö synnytti edellytykset porvarillisen paikallishallinnon ja -politiikan muodostumiselle: kunnalliselämän johtoon astuivat uuden suunnan miehet, ammattiosaajat, tehtailijat, kauppiaat, kiinteistön- ja talonomistajat, teollisuudenharjoittajat ja muiden kaupungille tunnusomaisten ammattiryhmien edustajat. Rahavaltaisen äänioikeusjärjestelmän perustana oli näkemys, että kunnallisten oikeuksien tuli vastata velvollisuuksia. Uskottiin, että rahan ansaitsemiskyky oli yhteiskunnallisen osaamisen paras mittari. Tästä

importance of language in the society of the capital city and the Students' Union building at the other end of the thoroughfare known as Aleksanterinkatu gave expression to the role of the academic community. All these buildings were manifestations of the development of an organized civil society and the beginnings of political activity and the formation of political parties.

But alongside all this national and economic fervour there were also changes taking place in city government. A fundamental reform of urban administration in Finland was brought about by a decree issued in 1873 which abolished the privileges of the merchant class in local government matters and extended the jurisdiction of the municipal authorities. Thus all the many functions that had previously been discharged by the bourgeoisie, householders and other citizens now devolved upon a single new administrative body, the City Council. The responsibilities of civil servants were curtailed and the initiative was shifted to municipal councils elected by universal suffrage for a term of three years at a time, which replaced the city elders as the decision-making authorities in 1875. The city administrative court was retained as the highest authority, however, and this continued to be responsible for the city's property, incomes and rights, while various committees and administrative bodies were formed to put the council's decisions into effect. Justice was administered by the city court. There were also new responsibilities placed upon the municipal councils, including care for the poor, the provision of schools and fire precautions.[1]

The most significant of all the reforms, however, concerned local taxation, which ceased to be bound to social class and became common to all. In fact voting rights in the towns of Finland even after 1875 were not

^ Helsingin ensimmäisen kaupunginvaltuuston jäseniä vuodelta 1875.

^ Members of Helsinki's first City Council, in 1875.

epätasa-arvoisesta maaperästä kasvoi 1800-luvun lopun yhteiskunnallinen liikehdintä, joka kietoutui äänioikeuskysymykseen. Tavoitteeksi asetettiin kunnallisten äänioikeusolojen kansanvaltaistaminen.

Kun kunnallishallinto kehittyi ja puoluepolitiikka uusi toimintamuotojaan, tarvittiin uudentyyppisiä tiloja monenlaisiin paikallisiin tarpeisiin. Senaatintorin eteläpuolen kortteleiden rakennuksiin olivat asteittain 1800-luvun aikana muodostuneet pääkaupungin keskeisimmät hallinnollisen ja poliittisen vallan tilat. Helsingille tunnusomaista oli, että kunnallishallinto oli

strictly speaking universal and equal but were linked to taxable income, so that the poor, who did not pay tax, and women and domestic servants, who were represented by the head of their household, were not entitled to vote.[2] The legislation of 1873 created suitable conditions for the formation of a bourgeois system of local government and politics, and it was not long before men of a new calibre – professional people, industrialists, merchants, property and house owners, factory managers and representatives of the new social groups typical of urban society began to step into the leading

sijoitettu olemassa oleviin vanhoihin rakennuksiin. Uudisrakennuksen tarve oli käynyt ilmeiseksi. Siksi johtavat valtuusmiehet tekivät keväällä 1896 merkittävän aloitteen: pääkaupunkiin oli saatava uusi ja moderni kaupungintalo.

Hanketta oli valmisteltu hiljaisuudessa ja hivutustekniikalla; tavoitteena oli rakentaa uusi, tarkoituksenmukainen kaupungintalo modernien eurooppalaisten esikuvien mukaisesti. Aloitteessa vedottiin pääkaupungin statukseen ja uusiin tilatarpeisiin:

"Ne huoneistot, mitkä nykyään ovat useitten kaupungin tärkeimpien laitosten käytettävissä, ovat tarkoitukseensa varsin sopimattomat. Tuomioistuinhuoneustojen

positions. Underlying this monetarist suffrage system was the view that local government rights should correspond to social responsibilities; i.e. it was believed that the ability to earn a living was the best measure of social aptitude. It was out of this unequal situation that the social movements of the late 19th century that were centred on the suffrage question eventually emerged, their aim being quite simply the extension of voting rights in local elections to the whole populace.

As local government developed and party politics began to take on new forms it became obvious that different types of buildings were required to meet the greater diversity of local needs. The main administrative ei saata katsoa tilavuuteen eikä myöskään asianosaisten, todistajain, asianajajain ja yleisön mukavuuden nähden täyttävän niitä vaatimuksia, joita kohtuudella käy asettaminen huoneistoille, joissa julkista oikeudenkäyttöä maamme pääkaupungissa toimitetaan. Maistraatin kanslia on liian ahdas, Kaupunginvaltuuston samaten,

and political buildings required by the city had gradually accumulated in the area south of the Senate Square in the course of the 19th century, and it had been typical of developments in Helsinki that the municipal administration had been housed in existing buildings. Now there was a need for a new building, however, and

〉 Albert Edelfeltin maalaus Helsingin kaupunginvaltuuston ensimmäisestä puheenjohtajasta Leo Mechelinistä vuodelta 1901. Mechelin toimi kaupunginvaltuuston puheenjohtajana vuosina 1875–1876 ja 1892–1899. Valtuusto tilasi muotokuvan Mechelinin 60-vuotispäivälahjaksi, mutta poliisi takavarikoi sen, koska tällaisissa kokoustiloissa sai sortovuosina annetun määräyksen mukaan olla esillä ainoastaan keisariperheen muotokuvia.

〉〉 Seurahuoneella pidettyjen Mechelinin 60-vuotisjuhlien ruokalista ja musiikkiohjelma vuodelta 1899.

〉 Portrait by Albert Edelfelt of Leo Mechelin, first chairman of Helsinki City Council, in 1901. Mechelin was chairman in 1875–1876 and 1892–1899, and the portrait was commissioned by the council as a 60th birthday gift to him, but it was confiscated by the police because under the Russification edicts only portraits of the Imperial Family were allowed to be hung in meeting rooms of that kind.

〉〉 The menu and programme of musical entertainment for the celebration to mark Mechelin´s 60th birthday in 1899.

jota paitsi Kaupunginvaltuustolla ei ole erityistä eteistä. Yleisen raastuvankokouksen pitämiseksi ei ole riittävän tilavaa salia. Poliisikamarin huoneisto on kerrassaan mahdoton. Rahatoimikonttorin ja Rakennuskonttorin huoneistoja voi pitää siedettävinä, mutta ei kestäne kovin kauaa, ennekuin nekin, samoin kuin kaupungin arkisto, tarvitsevat avarampaa tilaa. Varsin vähän sopivia ovat niin ikään Vaivaishoitohallitukselle ja eräille lautakunnille luovutetut huoneistot. Ja noiden vanhain talojen kaikki porraskäytävät ovat sangen ahtaat ja epämukavat, jota paitsi niitä on liian vähän." [3]

Aloitteentekijät olivat valtuutettuja ja kaupunginvaltuuston valmisteluvaliokunnan jäseniä. He olivat myös pääkaupungin yhteiskunnallisen ja poliittisen elämän tunnettuja ruotsinkielisiä ja -mielisiä vaikuttajia. Useat olivat vahvoja Helsingin puolestapuhujia. Allekirjoittaneista ensimmäinen, senaattori Leo Mechelin

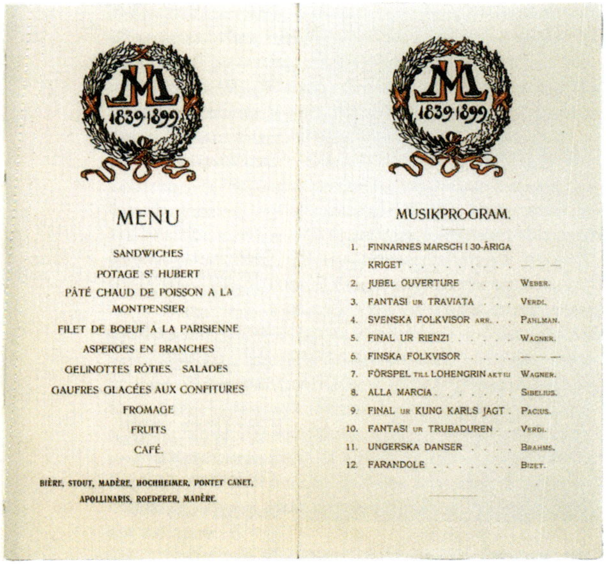

this led the council members to put forward their notable proposal in spring 1896 that the capital of Finland should have a new city hall in the modern style.

The scheme had been put together secretly and with the utmost discretion. The idea was to have a new, custom-built city hall on the lines of contemporary European examples. The proposal made reference to both the need for new premises and the status of the city:

"The premises available to most of the city's main departments at present are most unsuitable. The rooms of the City Court of Justice, for instance, cannot be regarded with respect to size or to the comfort of the plaintiffs, witnesses, barristers or general public as meeting the requirements which could reasonably be laid down for the public exercise of the law in the capital city of our land. The office of the City Administrative Court is far too cramped, and the same is true of the council chamber, which in addition has no separate entrance hall. There is not enough space for holding sessions of the City Court, and the rooms occupied by the police are quite impossible. The Exchequer and the office of Public Works are moderately well provided for, but it will not be long before these, together with the City Archives, are in need of more space. The rooms assigned to the Board for the Care of the Poor and the various committees are similarly not particularly suitable, and the stairways in their buildings are very cramped and inconvenient and there are too few of them." [3]

The authors of the proposal were councillors and members of the council's drafting committee, and they were also leading Swedish-speaking and Swedish-minded figures in the social and political life of the capital at that time. Many of them were staunch supporters of the development of Helsinki as a city. The name oli valtuuston puheenjohtaja. Hän oli valtio-oikeuden professori, joka oli toiminut porvarissäädyn valtiopäiväedustajana ja senaattorina. Pankinjohtaja ja varatuomari Alfred Norrmén oli Yhdyspankin johtokunnan jäsen. Liikemies ja aatelissäädyn valtiopäiväedustaja Hjalmar Schildt oli toiminut pitkään Helsingin valaistuslaitoksen hallituksen puheenjohtajana. Professori, arkkitehti Gustav Nyström oli Polyteknisen opiston opettaja ja pääkaupungin lukuisten näkyvien julkisten rakennusten suunnittelija. Raatimies A. Nyberg ja varatuomari F. Jansson olivat porvarissäädyn edustajia, edellinen oli ollut Helsingin ja jälkimmäinen Raahen valtiopäivämies. Nuorin joukosta oli vasta opintonsa päättänyt arkkitehti Birger Federley.

Helsingin johtavat porvarilliset valtuusmiehet tunsivat kehityksen Euroopan suurkaupungeissa ja unelmoivat omasta kaupungintalosta. Kaupungintalot olivat muodostuneet monisatavuotisen kehityksen seurauksena paikallisvallan ja -hallinnon keskeisrakennuksiksi. Komeimmat ja vanhimmat esimerkit löytyivät Alankomaista, Saksasta, Välimeren maista ja Englannista. Raatihuoneista oli jo 1400-luvulla kehittynyt saksankielisissä maissa kaupunkiyhteisön tärkein rakennus. Niihin liittyi kaupankäyntiä, paikallishallinnon kokoontumisia ja yhteisöllistä edustamista. Ruotsissa ja Suomessa varhaisia raatihuoneita tunnetaan 1600-luvulta. Kun kaupunkitoiminnot 1800-luvulla kehittyivät, syntyi tarve talotyypin uudistamiselle. Kaupungin hallintoelinten kasvu edellytti uutta tilaohjelmaa ja suurempaa mittakaavaa. Mahtipontisia, historiasta esikuvallisuutta hakevia nykyaikaisia kaupungintaloja nousi 1860-luvulta lähtien Euroopan pää- ja suurkaupunkeihin, Berliiniin, Wieniin, Ateenaan, Kööpenhaminaan, Hampuriin, Müncheniin, Prahaan ja Moskovaan. Kun Helsingin

at the head of the list of signatories was that of Leo Mechelin, chairman of the City Council, who was professor of constitutional law and had been a representative of the bourgeoisie in the Diet and was at that time a senator. The others included Alfred Norrmén, a bank manager and solicitor who was a member of the board of the Union Bank, Hjalmar Schildt, a businessman and member of the nobility who was a representative in the Diet and was the long-serving chairman of the board of the Helsinki Department of Public Enlightenment, the architect Prof. Gustav Nyström, who was a teacher at the Polytechnic Institute and had designed numerous conspicuous public buildings in the city, and the alderman A. Nyberg and the solicitor F. Jansson, both of whom were representatives of the bourgeoisie in the Diet, the former for Helsinki and the latter for Raahe. The youngest in the group was the architect Birger Federley, who had just completed his studies.

The leading bourgeois councillors were aware of contemporary trends in the major cities of Europe, where centuries of development had led to a situation in which the city hall served as the focal point of local political and administrative power, and dreamed of Helsinki having one of its own. The finest and oldest city halls at that time were to be found in the Netherlands, Germany, the Mediterranean countries and Britain, following the emergence of the city hall in the German-speaking countries during the 15th century as the principal building for the urban community and a centre for commerce, representative functions in the community and meetings of local administrative bodies. The earliest town halls in Sweden and Finland dated from the 17th century, but needs had altered greatly since that time as a result of the development of urban commuvaltuusmiehet unelmoivat omasta talosta, nousivat nämä rakennukset esikuviksi.

Kaupungintalot edustivat vanhaa rakennustyyppiä, joka sopeutettiin uuden ajan vaatimuksiin. Pää- ja suurkaupunkien kaupungintaloa yhdisti edustavuus ja näyttävyys; kaupungit halusivat tunnustaloihinsa mahtipontisuutta ja komeutta.

Nykyaikainen kaupungintalo ilmensi paikallista historiaa ja identiteettiä. Sen tuli tarjota tilat kokouksille, juhlille ja kaupunkikunnan lukuisille edustustehtäville. Näin oli myös Helsingissä vuonna 1896. Virikkeitä saatiin muualta Euroopasta – ja kotimaasta. Kivisiä uudenaikaisia kaupungintaloja oli jo noussut Loviisaan (1864), Pietarsaareen (1875), Vaasaan (1883), Hämeenlinnaan (1885), Kuopioon (1886) ja Porvooseen (1893). Suunnitteilla 1890-luvulla olivat kaupungintalot Jyväskylään, Tampereelle, Turkuun ja Ouluun. Kaupungintalot sijoitettiin eurooppalaisen esikuvan mukaisesti keskeiselle paikalle, päätorin tai -väylän laidalle. Näissä uusissa kaupungintaloissa oli komea valtuustosali, edustavat juhlatilat ja ravintola, tilaa huutokauppakamarille, raastuvanoikeudelle, palokunnalle ja poliisilaitokselle, sekä kaupungin rahatoimikamarin ja muiden virastojen toimistotiloja.[4]

Vanhasta uutta ja tarkoituksenmukaista – raatihuonekortteli syntyy ja muotoutuu kaupungintalokortteliksi

Helsingin vanhin, puinen, 1600-luvulta peräisin oleva raatihuone kaupungin päätorin varrella paloi useita kertoja – ja rakennettiin aina uudelleen samalle paikalle. Suurempi kivinen raatihuone valmistui Suurtorin laidalle vasta vuonna 1804. Vain 34 vuotta myöhemmin tämä

nities and the growth in their administrations during the 19th century, so that a new type of building was now required, constructed on a much larger scale and with quite a different division of space. Mighty edifices constructed on historical models to meet contemporary needs had been built in the capitals and other major cities of Europe from the 1860s onwards, most notably in Berlin, Vienna, Athens, Copenhagen, Hamburg, Munich, Prague and Moscow, and when the Helsinki councillors dreamed of a city hall of their own it was these examples that they had in mind.

It was typical of existing city or town halls, therefore, that they represented an old style of building adapted to modern requirements. They had to be both representative and impressive, as the towns and cities themselves expected their principal building to be both grandiose and elegant, to reflect the local history and identity and at the same time to provide a locality for the meetings, celebrations and numerous forms of hospitality that the urban community was required to arrange. This was also true of Helsinki in 1896. Inspiration was indeed to be found not only in Europe but also elsewhere in Finland, as modern stone-built town halls had already been erected in Loviisa (1864), Jakobstad (1875), Vaasa (1883), Hämeenlinna (1885), Kuopio (1886) and Porvoo (1893), and similar buildings were planned for Jyväskylä, Tampere, Turku and Oulu. The location in every case was in the very centre, on the European model, beside either the main square or a main thoroughfare, and the building inevitably had a fine council chamber, magnificent rooms for holding receptions, a restaurant, spaces for an auction room, the city court, the fire brigade and the police and offices for the city exchequer and other council departments.[4]

rakennus purettiin. Se sai antaa tilaa Senaatintorille ja Nikolainkirkolle, nuoren pääkaupungin uusille mahtaville symboleille. Kunnallinen toiminta siirrettiin uuden suurtorin eli Senaatintorin etelälaidalle. Uudeksi raatihuoneeksi ostettiin vuonna 1835 kenraalikuvernöörin käytöstä vapautunut rakennus Aleksanterinkatu 20:ssa. Se oli alkujaan ollut kauppias Bockin talo, ja muutettu arkkitehti Carl Ludvig Engelin suunnitelmien mukaan maan korkeimman virkamiehen eli kenraalikuvernöörin residenssiksi. Vanha raatihuone muutettiin kunnallislainsäädännön uudistamisen yhteydessä 1880-luvulla kaupungintaloksi.[5]

﹀ Leijona-korttelin eli Helsingin kaupungintalokorttelin nykyiset rakennukset.

1. Vanha raatihuone eli Bockin talo
2. Burtzin talo
3. Helleniuksen talo
4. Kaupungintalo, entinen Hotelli Seurahuone
5. Kaupunginvaltuuston istuntosali

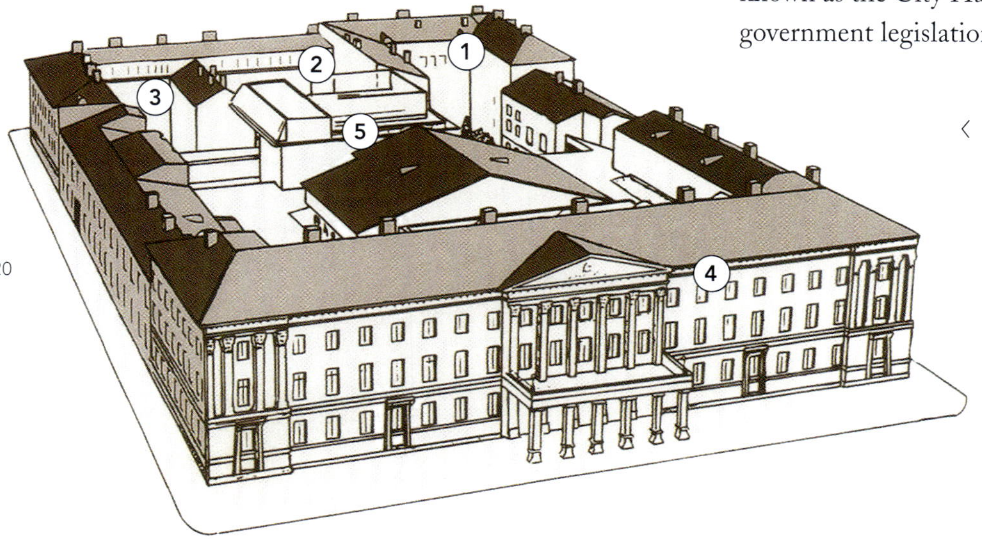

Something new and purpose-built out of something old – the origins and shaping of the City Hall quarter

Helsinki's old 17th-century wooden-built Town Hall standing beside the old main square had been destroyed by fire on several occasions and rebuilt always in the same place. Eventually a larger stone building had been erected on the edge of the main square in 1804, but this had been demolished only 34 years later to make way for the Senate Square and St. Nicholas' Church, the new, imposing symbols of the young capital. Most municipal functions were transferred to buildings on the south side of the Senate Square, where a building at Aleksanterinkatu no. 20 which had previously been the residence of the governor-general was purchased for use as a town hall in 1835. This had originally been the home of a merchant by the name of Bock and had been altered according to plans drawn up by the architect Carl Ludwig Engel to serve as a residence worthy of the highest official in the land. This had come to be known as the City Hall following a revision of the local government legislation in the 1880s.[5]

〈 The Lion Quarter, the present-day buildings forming the block in which Helsinki City Hall is located.

1. The Old Town Hall, or the house of the Bock family.
2. House of the Burtz family.
3. House of the Hellenius family.
4. The City Hall, the former Society House Hotel.
5. City Council chamber.

^ Vuonna 1804 rakennettu Helsingin raatihuone Suurtorilla. Raatihuone purettiin jo 1838 Senaatintorin tieltä. C. L. Engelin vesivärityö.

^ The Town Hall of Helsinki, built in 1804, beside the Main Square, was demolished in 1838 to make way for the new Senate Square Watercolour by Carl Ludvig Engel.

﹀ Vanha Raatihuone eli kauppias Gustav Johan Bockin vuonna 1763 rakennuttama talo Aleksanterinkadun ja Katariinankadun kulmassa. Rakennus toimi Helsingin raatihuoneena vuosina 1838–1913, ja sen Carl Ludvig Engelin suunnittelema juhlasali oli Helsingin kaupunginvaltuuston ensimmäinen istuntosali vuodesta 1875 lähtien.

﹀ The Old Town Hall of Helsinki, built by the merchant Gustav Johan Bock in 1763 on the corner of Aleksanterinkatu and Katariinankatu as his private residence. The building served as a Town Hall in 1838–1913 and its assembly hall, designed by Carl Ludvig Engel, was the first City Council chamber, from 1875 onwards.

In the course of time the other buildings in the block on the south side of the Senate Square which had been the private palaces of notable citizens were taken over by the City Council, changes that came to affect the whole nature of the quarter lying between the Senate Square and the Market Place, in that the commercial, residential and recreational activities associated with this busy district all came to be directed elsewhere. The next stage in development involved the purchase by the City Council of six other merchants' houses in connection with bankruptcies or changes of ownership in the course of the 1890s. This meant that the houses of the merchants Burtz and Hellenius at Aleksanterinkatu

Kenraalikuvernöörin talon ohella myös muut korttelin alkujaan yksityispalatseina toimineet rakennukset siirtyivät asteittain kaupungille. Muutos vaikutti alueen luonteeseen: vilkas kauppa-, asuin- ja virkistystoiminta joutui siirtymään muualle, pois Kauppatorin ja Senaatintorin välisistä kortteleista. Seuraava muutos liittyi kuuden muun kauppiastalon hankkimiseen kaupungille 1890-luvulla konkurssien ja omistajanvaihdosten yhteydessä. Niin sanotut Burtzin ja Helleniuksen kauppiastalot (Aleksanterinkatu 22, 24) otettiin poliisilaitoksen ja sen ratsuosaston käyttöön. Molemmat talot liitettiin kenraalikuvernöörin taloon puhkaisemalla oviaukkoja talojen välisiin päätyseiniin. Kolmesta tontista tehtiin

22 and 24 were taken over by the police force and its mounted division and were linked to the former governor-general's residence by opening up doorways in the end walls of the buildings. Thus the three sites were merged into one, with the address Aleksanterinkatu 22, in 1899 and the whole complex came to be known as the Town Hall Quarter.

In spite of these arrangements, the committees, boards and many offices were operating in rented premises towards the end of the century, and it was this shortage of space that prompted the councillors to put forward their proposal for a new city hall in 1896. They still had to wait some time for the fulfilment of their dream, however, as a smaller working group was set up to consider their proposal.[6] In practise the scheme was left in abeyance for some years, and it was only in 1901 that the committee made its recommendation to the City Council, that the building of the Society House Hotel (*Seurahuone/Societetshuset*) beside the Market Place should be purchased for the purpose. There were many arguments in favour of this. The building was located close to the Town Hall Quarter and would thus offer a temporary solution to the shortage of space there and the site was sufficiently large to enable a new build-

‹ "Vuokralle tarjotaan Seurahuone", mainosjuliste vuodelta 1872: "Helsingin ykköshotelli, erinomainen sijainti satamassa, höyrylaivalaiturin ja keisarillisen palatsin läheisyydessä."

‹ "Property to rent: the Society House" – a poster from 1872. "Helsinki's number one hotel, in an excellent position close to the harbour, the steamship quay and the Imperial Palace."

yksi tontti n:o 22 vuonna 1899. Kokonaisuudesta alettiin käyttää nimeä raatihuonekortteli.

Lautakunnat, hallitukset ja monet virastot toimivat 1800-luvun lopussa vuokratiloissa. Kun siis tilan tarve 1890-luvulla kasvoi, ryhtyivät valtuutetut aloitteellisiksi. Unelma omasta kaupungintalosta sai vielä odottaa, sillä vuoden 1896 aloitteen käsittely siirrettiin pienemmälle työryhmälle.[6] Käytännössä hanke jäi lepäämään vuosiksi. Vasta vuonna 1901 komitea antoi valtuustolle suosituksen: Hotelli Seurahuone Kauppatorin laidalta oli ostettava kaupungin omaksi. Talon ostoa puolsivat monet syyt. Se sijaitsi raatihuonekorttelin tuntumassa ja saattoi siten helpottaa väliaikaisesti tilanpuutetta. Korttelin rakennusala oli riittävä mahdolliselle uudisrakennukselle. Valtuusto yhtyi komitean esitykseen, ja vielä samana vuonna kaupunki osti Seurahuoneen 800 000 markan hinnasta. Societetshusaktiebolaget i Helsingfors -yhtiön kanssa päästiin sopimukseen siitä, että yhtiö vuokrasi talon ja tilat kaupungilta; hotelli- ja ravintolatoiminta sai jatkua vuoteen 1913 saakka. Kun uutta sopimusta ei tullut, siirtyi rakennus lopullisesti kaupungin käyttöön.

Seurahuone helsinkiläisten muistoissa rakennuksena ja juhlatilana

Hotelli Seurahuone kuuluu sellaisiin Helsingin julkisiin rakennuksiin, joihin tiivistyy paljon yhteisöllisiä muistoja. Vaikka rakennusta ei enää vuosikymmeniin ole käytetty alkuperäisessä tarkoituksessaan, kulkeutuu sen välityksellä monia kertomuksia ja paljon paikallishistoriaa. Hotelli-ravintola Seurahuone (*Societetshuset*) oli pitkään Helsingin tärkein ja virallisin julkinen olohuone, joka ilmensi nuoren pääkaupungin akateemis-valtiollista ja sotilaallista luonnetta. Vuonna 1833 ovensa avannut

ing to be erected on it. The City Council accepted the committee's recommendation, and the Society House building was purchased during the same year for the sum of 800,000 marks. In practice an agreement was reached with the company operating the hotel that it would continue to rent the premises from the City Council for use as a hotel and restaurant until 1913. When no new agreement was reached, the building was taken over for council use in that year.

A traditional building and place for celebrations

The Society House Hotel and Restaurant (*Seurahuone/Societetshuset*) is one of those public buildings in Helsinki that arouses all manner of communal memories in the minds of local people. Although it has not been used for its original purpose for decades, it still has a great deal to communicate regarding past events and aspects of local history. Having first opened its doors in 1833, it was for a long time the official and most important public meeting place, manifesting the academic, constitutional and military character of the capital of Finland. It was located on the Northern Esplanade, beside the Market Place, in the heart of both old and new Helsinki, and its public rooms and dining hall were in great demand from the beginning. Previously the largest public events and balls had been held in the upstairs room of the old Town Hall, and the same building had also had facilities for the favourite indoor game of the people of Helsinki at that time, billiards.

The Society House soon established itself as a unique political and social institution in the Grand Duchy of Finland, without any direct equivalent in any other country, although it did have a predecessor on which it was modelled – the Society House in Turku, the original hotel and restaurant of this name that had been built soon after Finland had come under Russian rule as a result of the war of 1808–1809 and the new governing council, the future Senate, the Russian military officers and higher civil servants had taken up residence in the city. At that stage a meeting place was needed where the

Seurahuone ja Kauppatori 1860-luvulla, puupiirros. Seurahuoneen kirjepaperi, yksityiskohta.

Woodcut of the Society House and Market Place in the 1860s. Detail from the Society House notepaper.

Seurahuoneen rakennus sijaitsee Pohjoisesplanadin varrella, Kauppatorin laidalla, vanhan ja uuden Helsingin ytimessä. Uusi juhla- ja edustustila tuli tarpeeseen. Aiemmin Helsingin suuremmat julkiset tilaisuudet ja tanssiaiset oli pidetty raatihuoneen yläkerrassa. Raatihuoneella oli myös tilat helsinkiläisten suosikkipelille, biljardille.

Seurahuone oli Suomen suuriruhtinaskuntaan syntynyt omalaatuinen poliittis-sosiaalinen instituutio, vailla suoraa vastaavuutta muihin maihin. Helsingin Seurahuoneella oli esikuvansa – Suomen Turussa. Sinne oli rakennettu ensimmäinen Seurahuone heti 1810-luvun alussa. Uusi, vuosien 1808–1809 sodan seurauksena syntynyt keskusvalta (hallituskonselji eli tuleva senaatti), venäläinen upseeristo ja ylemmät virkamiehet oleskelivat kaupungissa; tarvittiin tilaa paikallisväestön ja korkeiden venäläisten maahanmuuttajien kokoontumisille sekä ”poliittisesti sopivan ilmanpiirin luomiselle” kaupungissa. Yhteydenpito eli verkottuminen edellytti tanssiaisia ja vapaata, kulturellia seurustelua ja sopivaa tilaa niille. Syntyi uusi rakennustyyppi, tanssihuone eli Seurahuone. Siitä kehittyi nopeasti Turun seuraelämän ja sosiaalisen kanssakäymisen tärkein paikka sekä merkittävin kulttuuritila. Turkulaisen seurahuoneen malli levisi pian muihin suurempiin hallinto- ja keskuskaupunkeihin.[7]

Turun asema muuttui, kun Helsinki korotettiin pääkaupungiksi vuonna 1812. Todelliseksi keskuspaikaksi Helsinki muuttui, kun Senaatti siirtyi sinne vuonna 1818 ja yliopisto 14 vuotta myöhemmin. Seuranpitoa ja matkailijoita varten tarvittiin hotelli, ravintola ja kunnolliset edustustilat. Seurahuone oli selvästi pääkaupungin suunnittelija-arkkitehti C. L. Engelin hanke – hänestä tuli myöhemmin Helsingin Seura-

local population could encounter the higher echelons of the Russian delegation and a “politically appropriate atmosphere” could be created. Contacts between them, what we now refer to as “networking”, called for dances and free cultural mingling, and a place where these things could be arranged. The outcome was an entirely new kind of building, for meetings, dancing and dining, a Society House. This soon became a centre for the social life of Turku and a significant venue for cultural events, and it was not long before the idea spread to the other main administrative centres in the country.[7]

The status of the city of Turku altered drastically when Helsinki became the capital of Finland in 1812, the Senate moved there in 1818 and the university was transferred there 14 years later. Now a comparable place was needed for social gatherings and the entertainment of visitors and travellers in Helsinki, a hotel and restaurant with proper public rooms. The Society House was clearly the brainchild of the architect of the new capital, C. L. Engel, and he later became an active shareholder and director of the company that ran it. A site had been reserved on Johan Albrecht Ehrenström’s town plan of 1812 for the first building to house a theatre, restaurant and dance hall, and Engel’s first draft plan of 1814 proposed a number of possible locations for this multipurpose centre of social life, including a position beside the Guards’ Square. Gradually his ideas altered and developed, however, and when the time came to consider erecting such a building in 1825 the preferred site was on the edge of the Market Place. Engel announced in that year that he had drawn up “a beautiful design for a society house”, although by then the idea of combining this with a theatre had been dropped and huone Osakeyhtiön aktiivinen osakas ja johtohenkilö. Jo Johan Albrecht Ehrenströmin kaavassa 1812 oli varattu paikka ensimmäiselle teatterin, ravintolan ja tanssitilat yhdistävälle rakennukselle. Engelin ensimmäiset luonnokset ovat peräisin vuodelta 1814. Sosiaalisen elämän monitoimitaloa oli ajateltu muun muassa Kaartintorin varrelle; sittemmin suunnitelmat muuttuivat ja arkkitehti kehitteli ajatuksiaan. Vasta vuonna 1825 rakentaminen ajankohtaistui ja paikaksi oli asemoitu Kauppatorin reuna. Mainittuna vuonna Engel kirjoitti vihdoin laatineensa "kauniin suunnitelman seurahuonetta varten". Ajatus teatterin ja seurahuoneen yhdistämisestä oli jäänyt. Teatterille suunniteltiin nyt omaa rakennusta Esplanadille.

Tuleva Seurahuone ymmärrettiin jo suunnitteluvaiheessa "kaupungille tarpeelliseksi julkiseksi ja yleiseksi laitokseksi". Uuden Seurahuoneen suunnittelusta, rakennuttamisesta ja ylläpidosta vastasi tammikuussa 1828 perustettu osakeyhtiö, *Aktiebolaget Societetshuset*. Johtokuntaan nimitettiin pääkaupungin vaikuttajia. Mukaan hankkeeseen lähtivät maaherra Carl Johan Walleen, laamanni Jacob Snellman, intendentti ja arkkitehti C. L. Engel, kauppias Johan Weckman ja apteekkari Henrik Aschan.[8] Tavoitteeksi kirjattiin "sopivan huoneiston aikaansaaminen Helsinkiin juhlallisuuksia, konsertteja ja muuta julkista huvinpitoa varten" (*till åstadkommande af en tjänlig local för Assembléer, Concerter och andra allmänna lustbarheter i Helsingfors*).

Seurahuoneen vanhin osa oli Esplanadin puoleinen, noin 72 metriä pitkä päärakennus, johon kuuluivat pienet siivet 1600-luvulta peräisin oleville poikkikaduille, Sofian- ja Katariinankaduille. Rakennus maalattiin valmistuttuaan keltaiseksi; listat ja pilasterit olivat valkoisia. Seurahuoneeseen kuului muun muassa tilava

a separate theatre building was planned for another site on the Esplanade.

Thus the future Society House was understood even at the planning stage as "a public and communal facility of a kind that is needed in the city". A limited company, *Aktiebolaget Societetshuset*, was formed in 1828 to take responsibility for the planning, building and maintenance of the new Society House, and many leading figures in the city became members of its board, including the provincial governor, Carl Johan Walleen, the chief attorney Jacob Snellman, the architect and supervisor of government properties C. L. Engel, the merchant Johan Weckman and the apothecary Henrik Aschan.[8] The purpose of the venture was expressed in writing as being "the obtaining of an appropriate suite of rooms in Helsinki for the holding of celebrations, concerts and other public entertainments" (*till åstadkommande af en tjänlig local för Assembléer, Concerter och andra allmänna lustbarheter i Helsingfors*).

The main body of the building, some 72 metres in length and fronting onto the Esplanade with small wings extending a short way up the ancient 17th-century side-streets Sofiankatu and Katariinankatu, was the oldest part. This had been painted yellow at first, with white edgings and pilasters. The building contained a large hall, or ballroom, some 350 m^2 in size and the equivalent of two floors in height, a dining hall and buffet, billiards and gaming rooms, "drawing rooms", or visitors' rooms, for ladies and gentlemen separately, and a smoking room. Almost half of the space on the top floor, which was reserved for hotel use, was taken up by the hall and its music gallery. Åsa Ringbom, who has studied the architectural history of the Society House, describes the ballroom as a large room of a spacious, kahden kerroksen korkuinen juhlasali (n. 350 m^2), ruokasali ja bufettihuone, biljardi- ja pelihuoneet, herrojen ja daamien förmaakit eli vieraskamarit sekä erillinen tupakkahuone. Ylimmässä kerroksessa, joka oli varattu hotellitoiminnalle, lähes puolet tilasta vei juhlasali musiikkilehtereineen. Åsa Ringbom on tutkinut Seurahuoneen rakennushistoriaa. Hänen mukaansa tanssisali oli ilmava, tilava ja suuri huone, jonne valkoiset seinäpinnat ja monet ikkunat toivat valoisuutta. Kasettikatossa oli kipsikoristeita ja kolme valtavaa kristallikruunua. Vaaleanpunaiseksi maalattu iso daamien förmaaki oli sangen edustava. Katto oli rikkaasti koristeltu ja kamarissa oli Pietarista hankittuja mahonkihuonekaluja, peilejä ja ovaalinmuotoisia sohvapöytiä. Pelipöytiä oli alkujaan neljä.

Ensimmäiseen kerrokseen oli piirretty ravintolatilat. Toiseen sijoitettiin sisääntulohalli ja hotelli. Kolmas oli juhlakerros. Rakennus oli julkisivultaan melko pelkistetty, ja tyyli oli arkkitehdin mukaan ”toscanalaista”. Euroopassa suosittua, viiniin liittyvien rakennusten tyyliksi muodostunutta ”rustikaa” Engel käytti julkisivun alimpaan kerrokseen. Rustika sopi seurahuonearkkitehtuuriin erinomaisesti.[10] Rakennuksen pohjakerroksessa oli aluksi neljä liikehuoneistoa, joihin veivät erilliset ulkoportaat. Pääoven edessä oli Engelin pojan Carl Alexander Engelin suunnittelema ramppi.

Joulukuussa 1833 käyttöön otetusta Seurahuoneesta tuli heti avaamisen jälkeen pääkaupungin tärkein huvittelu- ja seurapiirielämän keskus sekä poliittis-valtiollisten juhlien tapahtumatila. Avajaiset ilmensivät huvituksien uutta urbaania kepeyttä: hotelli otettiin käyttöön järjestämällä yleiset naamiaiset. Kymmenen päivää myöhemmin järjestettiin suuret nimipäivätanssiaiset keisari Nikolai I:n kunniaksi. Nikolai-juhlaan olikin syytä. Tiedettiin, että keisari oli ostanut 200 Seurahuoneen

airy character which gained an additional sense of light from its white walls and numerous windows. The coffered ceiling featured decorative elements produced in gypsum and held three huge chandeliers. The pink-painted ladies' drawing room was very impressive, with a richly ornamented ceiling and mahogany furniture imported from St. Petersburg, mirrors and oval coffee tables. There were four gaming tables originally.

The restaurant facilities had been planned for the ground floor and the lobby and hotel rooms for the first floor, the second floor being reserved for festivities. The façade was relatively plain, and the building was described by the architect as being “in the Tuscan style”. For the ground floor façade Engel had nevertheless used a “rustic” style much favoured in Europe at that time for buildings having direct connections with wine, and this is generally regarded to have been excellently suited to the architecture of the Society House.[10] There were originally four shops on the ground floor, each with its own entrance and steps, while the main door was reached via a ramp designed by the architect's son, Carl Alexander Engel.

Following its opening in December 1833, the Society House immediately became the principal centre for entertainments and social life in the capital and the main venue for political and state occasions. The opening itself gave expression to the new, light-hearted urban atmosphere that prevailed at the time, as it took the form of a public fancy dress ball. Ten days later a grand ball was held in honour of the namesday of Emperor Nikolai I, for which there was especially good reason, as the Emperor had bought 200 shares in the Society House company and presented them to the city's office for the care of the poor. The ball was attended by more osaketta kaupungin vaivaishoitolaitoksen nimiin. Yli neljäsataa ihmistä osallistui keisarijuhliin. Koko kaupunki oli juhlavalaistu ja juhlat jatkuivat aamuun asti. Helsingin lehdet kuvasivat tilaisuuden luonnetta seuraavasti:

”Tanssisalonkiin oli kannettu koriste, joka viittasi päivän juhlan teemaan. H.M. Keisarin rintakuva oli sijoitettu erilliselle korokkeelle salin etualaan. Sen yläpuolella oli H.M. korkea nimikirjain N. Kaiken ylle oli kiinnitetty keisarill. venäläinen valtakunnanvaakuna. Rintakuvan molemmille puolille oli sijoitettu Suomen läänien vaakunat ja muita hyvällä maulla valittuja tunnuskuvia. Tätä kaikkea valaisi neljä suurta ja kaunista, kullatusta pronssista tehtyä kynttelikköä. Illallisen aikana ehdotettiin H.M. maljaa, johon illallisvieraat eloisasti yhtyivät, kestävien hurraa-huutojen saattelemana. Heti perään laulettiin seuraavat värssyt koko seurueen muodostamana kuorona: *Hell! Nicolai, hell! / Stor, lyckosam och säll, / Landsfader, hell! / Hvar hälst Ditt välde når, / Du folkens hyllning får, / För Dig hvart hjärta slår, / I slott och tjäll.* [11]

Seurahuone oli Suomen suurin ja komein hotelli ja ravintolatila, pääkaupungin hengen ilmentäjä. Sitä kutsuttiin varhaisvaiheessa nimellä *assembléehus* ja *assembléet*. Suuret linjat näkyivät sisätiloissa. Juhlasali oli aikalaisten mielestä ”hätkähdyttävän suuri”. Hotellihuoneita kehuttiin tilaviksi. Monenlaista ylellisyyttä oli tarjolla; uutiseksi nousi tieto siitä, että hotellihuoneita lämmitettiin tyhjinäkin. Hotellin sisäänkäynti oli rakennuksen pohjoispuolelta pihan kautta, Katariinankadun puolelta. Seurahuoneessa viihtyivät matkustavaisten ohella myös virkamiehet, upseerit, professorit ja ylioppilaat eli yhteiskunnan säätyläistö, kaupungin yläkerrostumat ja varakkaampi porvaristo. Se tuli tunnetuksi suurista

than 400 people and the whole city was lit up for the occasion. The city's newspapers described the atmosphere at the event – which continued until morning – in the following tones:

"The dance hall was decorated in a manner that befitted the nature of the occasion. A half-length image of His Majesty the Emperor was placed upon a platform at the front of the hall, with a tall letter N for His Majesty above it and at the very top the Imperial Russian coat of arms. On either side were the coats of arms of the provinces of Finland and other tastefully chosen symbols. All this was illuminated by four large and very beautiful gilded bronze candelabra. During the dinner a toast was proposed to His Majesty, with the whole company joining in enthusiastically with prolonged shouts of "Hurrah!" followed by the singing in chorus of *Hell! Nikolai, hell! / Stor, lyckosam och säll, / Landsfader, hell! / Hvar hälst Ditt välde når, / Du folkens hyllning får / För Dig hvart hjärta slår, / I slot och tjäll.* (Hail, Nikolai, hail! / Great, fortunate and gracious / Father of our land, hail! / Wherever your power may extend / You will receive the homage of your people / Our hearts will beat for you / In castles and in cottages.)[11]

The Society House was the largest and finest hotel and restaurant in the whole of Finland and the epitome of the new spirit of Helsinki. On account of the festivities held there it was often referred to in Swedish in the early years as *assembléehus* or *assembléet*. Its interiors were distinguished by a sense of space, so that the ballroom was judged by contemporaries to be "astonishingly big" and the hotel rooms were noted for their spaciousness. All kinds of luxury could be found there, one innovation that hit the headlines being that the rooms were heated even when they were unoccupied.

sosieteettitapahtumistaan, juhlapäivällisistä, tanssiaisista, naamiaisista sekä musiikki- ja varietee-esityksistä. Siellä kokoontuivat keskustelu- ja pelikerhot, sitsiryhmät ja erilaiset klubit ja seurat.

Seurahuone oli eräänlainen kaupunkiedustuksellinen tila jo aikaa ennen kuin varsinaisesta kaupungintalosta ryhdyttiin keskustelemaan 1890-luvulla. Euroopan vanhemmissa kaupungeissa kaupungintaloihin oli liittynyt ravintolatoimintaa, kaupankäyntiä, huvinpitoa ja paikallisia juhlatilaisuuksia. Seurahuoneen historiaan liittyi tällaista säätyläisedustamista ja porvarillista seurallisuutta sekä nuoren pääkaupungin moninaisia huvituksia, harrastuksia ja kulttuuritapahtumia. Lukuisilla tapahtumilla on ollut keskeinen merkitys paikallisen kulttuurisen identiteetin ja pääkaupungin sosiaalisen ilmapiirin syventäjänä. Seurahuone sai myös valtiollisen ja poliittisen leiman, mikä liittyi pääkaupunkitoimintojen luonteeseen.

Ennen kaikkea Seurahuone oli kaupungin merkittävin julkinen tanssiaistila ennen Ritarihuoneen (1862), Ylioppilastalon (1870) ja muiden suurten *hôtelien* valmistumista 1880-luvulta eteenpäin. Tanssiaisilla oli kaksijakoinen tehtävä. Ne toimivat sosiaalisten kohtaamisten ja kaupunkielämään kuuluvan verkottumisen tapahtumapisteinä, näyttäytymisen ja näkemisen keskeisinä foorumeina. Tanssiaisilla oli myös poliittinen tehtävänsä: ne edistivät yhteiskunnallista vuorovaikutusta säätyläistön eri ryhmien, akateemisen ja valtiollisen virkamieskunnan sekä upseerien välillä. Aluksi Seurahuoneella järjestettiin yleisiä tanssiaisia, maksullisia ”picknickejä”. Kun juhlasaliin mahtui yli 1600 henkeä, oli kyse huomattavasta huvitapahtumasta.

Ensimmäiset picknickit järjestettiin jo viikko keisarin nimipäiväjuhlien jälkeen, joulukuussa 1833. Niistä

The entrance to the hotel was on the north side of the building, so that it was reached from Katariinankatu via the yard. Those who frequented the Society House included not only travellers but also government officials, military officers, professors and university students, in other words the aristocracy, the upper strata of the city dwellers and the more affluent of the merchants, and it became known for its large society gatherings, celebration dinners, dances, fancy dress balls and musical and variety performances. It was also a place for holding student dinner parties, conversation and games circles and meetings of clubs and societies.

The Society House was also the place where the City Council arranged its formal receptions and entertained its guests long before there was any talk of an actual city hall in the 1890s. The older cities in Europe frequently had restaurants, commercial facilities, entertainments and places for local celebrations in their city halls, and this social life of the estates and the merchant class, together with the many entertainments, hobbies and cultural events associated with the young capital of Finland, formed an important part of the history of the Society House. Many of the events were of crucial significance for the local cultural identity and were instrumental in adding depth to the social atmosphere of the capital. The fact that the place also gained a certain governmental and political status was also connected with the nature of Helsinki as a capital city.

But above all the Society House was the main public place for dancing in the city before the completion of the House of the Nobility in 1862, the Students' Union building in 1870 and several other major *hôtels* from the 1880s onwards. These dances performed two main functions. They provided opportunities for the social kehittyi 1830- ja 1840-luvuilla helsinkiläisten rakastama huvitusmuoto. Juhlasali jaettiin kolmeen osaan, tanssivuorolistat oli ripustettu seinälle ja tanssijoiden määrää jouduttiin rajoittamaan suuren suosion vuoksi. Katrilli oli suosituin tanssi. Tanssia ohjasi vuosikausia suosittu tanssijohtaja, joka oli paikallislehtien mukaan ”ammatiltaan postiekspeditööri, arvoltaan nimineuvos, tai epävirallisesti tanssineuvos, kuten helsinkiläiset häntä leikillisesti kutsuivat”. Sosiaalisten verkostojen syventäminen ei aina tapahtunut vailla ennakkoluuloja, kuten tunnettu Seurahuone-kasku 1840-luvulta kuvaa:

”Picknickiin saapui kerran eräs jäykkä ja ylpeänoloinen kaartinluutnantti, rinta täynnä Puolan sodan ansiomerkkejä ja mitaleita. Hän joutui seisomaan katselevan yleisön joukossa. Viereen oli asettunut kaupungin arvostettu, varakas ja tavallista hyväpäisempi teurastaja J-n (Jansson). Pöyhistelevä luutnantti nosti sankarinenänsä ilmaan ja sanoi kovalla äänellä toisella puolella seisovalle naapurilleen: ’Ai täällä joutuu seurustelemaan teurastajien kanssa?’ Sanavalmis teurastaja ei jäänyt hiljaiseksi

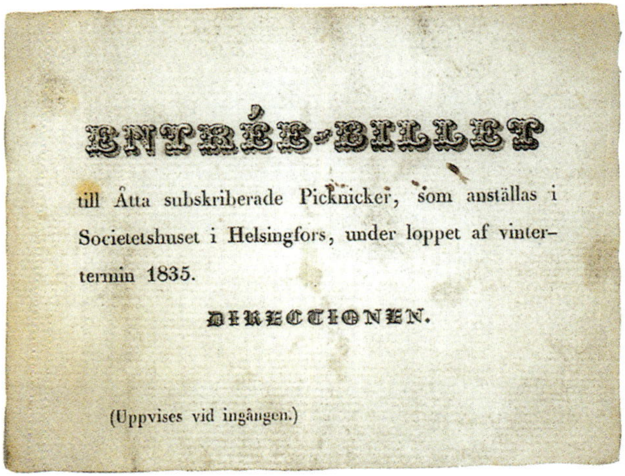
ENTRÉE-BILLET

till Åtta subskriberade Picknicker, som anställas i Societetshuset i Helsingfors, under loppet af vintertermin 1835.

DIRECTIONEN.

(Uppvises vid ingången.)

contacts that formed an important part of urban life, of course, and they were forums for seeing and being seen in public, but they also had a political role in that they promoted interaction between the estates within society, especially between the academic community, government officials and military officers. In the early days the Society House would arrange general dance evenings, “picnics”, for which an entrance fee was charged, and since the ballroom would hold more the 1600 people, these were naturally entertainments on a grand scale.

The first of these “picnics” was held just a week after the grand ball for Emperor Nikolai I in December 1833, and during the next two decades they developed into one of the favourite pastimes for the people of Helsinki. The ballroom was divided into three parts, lists of reserved dances were posted on the wall, and at times the number of dancers had to be restricted because of the immense popularity of the occasions. The dances were presided over by the same master of ceremonies for many years, a man who according to the local newspapers was “a postal expeditor by trade, who boasted the title of ‘counsellor of names’ but was unofficially a ‘counsellor of dancing’, as the people of Helsinki would affectionately call him”. The deepening of social contacts did not always happen without some elements of prejudice, however, as the well-known Society House joke from the 1840s suggests:

‹ Kausikortti Seurahuoneen Picknick-tanssiaisiin talvella 1835.

‹ A season ticket for the Picnic dance evenings in winter 1835.

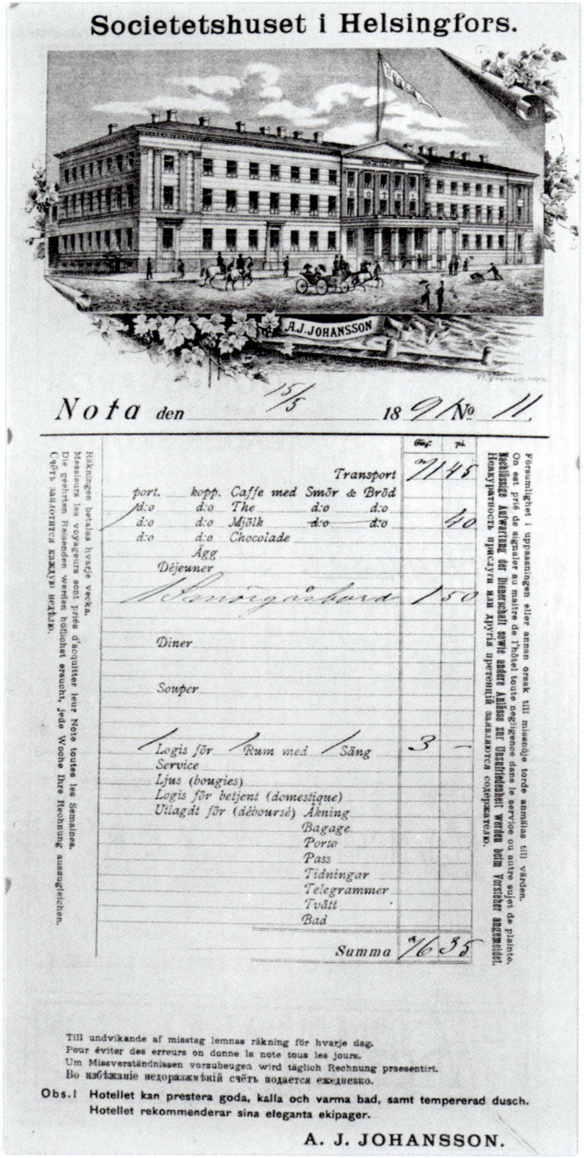

Societetshuset i Helsingfors.

A.J. JOHANSSON

Nota den 15/5 1891 № 11.

	Smf.	pi.
Transport	71	45
port. kopp. Caffe med Smör & Bröd		
d:o d:o The d:o d:o		
d:o d:o Mjölk d:o d:o		40
d:o d:o Chocolade		
Ägg		
Déjeuner		
[illegible]	1	50
Diner		
Souper		
Logis för Rum med Säng	3	–
Service		
Ljus (bougies)		
Logis för betjent (domestique)		
Utlagdt för (déboursé) Åkning		
Bagage		
Porto		
Pass		
Tidningar		
Telegrammer		
Tvätt		
Bad		
Summa	76	35

Räkningen betalas hvarje vecka.
Messieurs les voyageurs sont priés d'acquitter leur Note toutes les Semaines.
Die geehrten Reisenden werden höflichst ersucht, jede Woche Ihre Rechnung auszugleichen.
Счётъ заплотится каждую недѣлю.

Försumlighet i uppassningen eller annan orsak till missnöje torde anmälas till värden.
On est prié de signaler au maître de l'hôtel toute negligence dans le service ou autre sujet de plainte.
Nachlässige Aufwartung der Dienerschaft sowie andere Anlässe zur Unzufriedenheit werden beim Vorsteher angemeldet.
Неисправность прислуги или другія претензіи заявляются содержателю.

Till undvikande af misstag lemnas räkning för hvarje dag.
Pour éviter des erreurs on donne la note tous les jours.
Um Missverständnissen vorzubeugen wird täglich Rechnung praesentirt.
Во избѣжаніе недоразумѣній счётъ подается ежедневно.

Obs.! Hotellet kan prestera goda, kalla och varma bad, samt tempererad dusch.
Hotellet rekommenderar sina eleganta ekipager.

A. J. JOHANSSON.

"A stiff, supercilious lieutenant of the guards once arrived at a 'picnic', his chest laden with decorations and medals from the Polish War, and found himself standing amongst the crowd of onlookers. Next to him stood one J-n (Jansson), a respected, wealthy and more than averagely intelligent butcher in the city. The pompous lieutenant stuck his heroic nose in the air and exclaimed in a loud voice to the person standing on the other side of him, 'Ah, it looks as if one has to fraternize with butchers when one comes here.' The

vaan kääntyi luutnantin puoleen, kumarsi kevyesti ja sanoi: 'Älkää pelätkö, herra luutnantti, tänään jätin veitset kotiin.' "[12]

Seurahuoneesta tuli keskeinen akateeminen juhlatila, jossa vietettiin useita promootioita ja karonkoita. Unohtumattomat olivat Keisarillisen Aleksanterin Yliopiston 200-vuotisjuhlat keväällä 1840. Seurahuoneen iltajuhlan järjestäjänä toimi Helsingin kauppiaskunta. Juhlat kestivät viisi päivää ja niihin osallistui 1 400 vierasta, joukossa muun muassa Helsinkiin saapuneita pietarilaisia kylpylävieraita. Ruotsiin Suomen sodan jälkeen siirtynyt piispa Frans Mikael Franzen oli juhlien kunniavieras. Päivälliset tarjottiin 300 hengelle. Venäläinen kirjailija Faddei Bulgarin raportoi myöhemmin, että "yksinkertaisille suomalaisille" tarjoiltiin Pietarista tuotuja ananaksia ja persikoita.

Muitakin promootiojuhlia tuli ja meni; Seurahuone säilyi keskeisenä akateemisena illallis- ja tanssiaistilana. Kirjailija ja historiantutkija Zachris Topelius kuvasi Helsingfors Tidningar -lehdessä kesäkuussa 1850 tunnelmia Seurahuoneen promootiojuhlasta:

‹ Lasku ravintolatarjoilusta Seurahuoneella 15. toukokuuta 1891 sekä tanssikortti Seurahuoneen tanssiaisista talvella 1865.

‹ A restaurant bill from the Society House, dated 15th May 1891 and a season ticket for dances in winter 1865.

sharp tongued butcher was not put out by this, however, and simply turned to him, bowed slightly and retorted, 'Don't worry, Lieutenant, I left my knives at home today.'"[12]

The Society House also became a significant place of festivities for the academic community, and numerous celebrations following degree ceremonies and doctoral disputations were held there. One unforgettable event was the 200th Anniversary of the Imperial Alexander University in 1840, when the evening festivities, arranged by the merchants of Helsinki, went on for five days and were attended by 1400 guests, including visitors from St. Petersburg who had come to Helsinki to take the waters. The guest of honour at the event was Bishop Frans Mikael Franzén, who had moved to Sweden after the war of 1808–1809. Dinner was served for 300 people each evening, and the Russian writer Faddei Bulgarin was moved to report later that "the simple Finns" had been feasting on pineapples and peaches brought from St. Petersburg.

Many other degree ceremonies and the like came and went, and the Society House retained its position as the chosen place for dining and dancing within the academic community. The author and historian Zachris Topelius, writing in the newspaper *Helsingfors Tidningar* in June 1850, described the atmosphere at a celebration following a degree ceremony in the following words:

"The festivities at the Society House began at 8 o'clock. The entrance was decorated with hothouse plants and mirrors, and the salon similarly had plants and flowers in all its windows and a backcloth of white and pale blue silk drapes decorated with flowers. Here, as in the Great Hall, everything was tastefully laid out, producing a splendid impression. 1150 people had been

"Kello 8 alkoivat juhlat Seurahuoneella. Sisäänkäynti oli koristeltu ansarikasveilla ja peileillä. Salongissa oli niin ikään kasveja ja kukkia kaikissa ikkunoissa ja salin perällä oli kukin koristellut valkoiset ja vaaleanpunaiset silkkiverhot. Täällä kuten juhlasalissakin koristelu oli tehty hyvällä maulla ja vaikutelma oli loistelias. Kutsuttuja oli 1 150 ja vain harvat jäivät saapumatta. Tungos ei ollut niin paha kuin oli pelätty. Tanssi jatkui hyvin vilkkaana ½ 2:een yöllä, jolloin tarjoiltiin illallinen. Sen päätyttyä priimusmaisteri esitti alamaiset maljat Heidän Majesteeteilleen Keisarille ja Keisarinnalle; Heidän Keisarillisille Korkeuksilleen Kruununperillisille ja hänen korkealle puolisolleen sekä koko keisarilliselle perheelle sekä maljat Hänen Korkeudelleen, Ruhtinas Mensikoffille, Heidän Ylhäisyyksilleen Kreivi A. Armfeltille ja Kenraali Rokassowskylle, Kenraalimajuri Nordenstamille, Promoottorille ynnä muille. Tämän jälkeen Kenraalimajuri Nordenstam esitti maljan vastapromovoiduille.

Hurraa-huudot sekoittuivat fanfaareihin ja kansallislauluun ja talon ulkopuolelta kantautuneiden kunnialaukausten jylinään. Lopuksi orkesteri soitti *Maamme*-laulun, johon kaikki laulajat ja kuorolaiset innolla yhtyivät. Tanssi jatkui vielä päivällisten jälkeen aamuauringon paistaessa sammutettujen kruunujen yllä. Kun viimeiset daamit lähtivät, näytti tornikello puoli viisi." [13]

Seurahuoneesta muodostui luonnollinen foorumi nuoren pääkaupungin kulttuurielämälle. Se toimi pitkään myös teatteriseurueiden esiintymistilana. Vain vuosi Seurahuoneen avaamisen jälkeen saapui Helsinkiin 25-vuotias saksalaissyntyinen muusikko Fredrik Pacius. Hänet oli nimitetty yliopiston musiikkimestariksi. Paciuksen tehtäväksi tuli saattaa sekä yliopiston että koko kaupungin musiikkielämä uuteen uskoon.

invited and very few had declined, but it was not as crowded as many had feared. The dancing continued in a lively fashion until half past one in the morning, at which point dinner was served. At the end of this the *primus magister* proposed toasts of allegiance to Their Majesties the Emperor and Empress, His Imperial Highness the Crown Prince and his honourable spouse and the whole imperial family and further toasts to His Highness Prince Menshikov, Their Excellencies Count A. Armfelt and General Rokassowsky, Major-General Nordenstam, the *Promotor* and many others. After this Major-General Nordenstam proposed a toast to those on whom degrees had been conferred. The ensuing shouts and cheers were mixed with fanfares and the singing of the National Anthem, and we could hear the rumble of a salute of cannon from outside. Finally the orchestra played *Maamme*, with all the singers and choir members joining in enthusiastically. The dancing then continued after the dinner, by the light of the morning sun, the chandeliers having been extinguished. The clock in the tower showed half-past four when the last of the ladies left."[13]

The Society House was a natural forum for the cultural life of the young capital city, and served for a long time as a place where theatre companies could perform. It was only a year after its opening that the 25-year-old German-born musician Friedrich (Fredrik) Pacius arrived in Helsinki to take up the post of music master to the university, the intention being that he should place the whole musical life of the university and the city on a new footing. The Society House naturally had its own place in Pacius' scheme of things, as it was one of the main venues for musical events. The university students who were able to play musical instruments

Seurahuoneella oli paikkansa Paciuksen hankkeissa, se oli keskeisin musiikillisten tapahtumien tila. Soittavat ylioppilaat muodostivat orkestereiden kantajoukon. Muusikkoja haettiin myös kaupungin kyvykkäimpien amatöörien joukosta, ja konsertteihin palkattiin tarpeen mukaan ulkopuolisia ammattimuusikoita. Erilaiset Paciuksen johtamat musikaaliset ja soitannalliset yhdistykset järjestivät konserttejaan Seurahuoneella, mainittakoon Akateeminen Kapelli, Soitannallinen Seura, Akateeminen Orkesteriyhdistys sekä Sinfoniayhdistys. Pacius johti ja opasti myös monia helsinkiläisiä harrastelijaorkestereita; eräs sellainen muodostui konsuli Henrik Borgströmin akateemisista ystävistä sekä virkamies- ja liiketuttavista.

Pacius kunnostautui oratorioiden esittäjänä; Helsingissä kuultiin 1840- ja 1850-luvulla lukuisia huomattavia eurooppalaisia musiikkiesityksiä ja koettiin merkittäviä ulkomaisia muusikkovierailuja.[14] Lehtien mukaan Seurahuoneen musikaalisissa illanvietoissa ja konserteissa "esitettiin Paciuksen omia sävelmiä sekä sellaisia sävellyksiä kuin Spohrin *Die Wiehender Töne* ja *Letzten Dinge*, Händelin oratorio *Messias* ja Felicien Davidsin symfoniaoodi *Cristoph Columbus*." Helsinkiläiset rakastuivat Seurahuoneen esiintyjistä erityisesti laulaviin neiteihin Johanna von Schultziin, Hanna Falkmaniin, herra Aug. Tavaststjernaan sekä norjalais-amerikkalaiseen viulistiin ja säveltäjään Ole Bulliin. Erityisen lämpimän kohtelun Helsingin musiikkiyleisöltä sai tukholmalainen laulajatar Jenny Lind heinäkuussa 1843.

Keväällä 1859 vietettiin Seurahuoneella Paciuksen Suomeen saapumisen 25-vuotisjuhlaa. Fredrik Cygnaeus puhui kunniavieraalle, jolle esitettiin myös oma laulu (Karl Collan). Konsuli Borgström luovutti musiikkimestarille hopeoidun tahtipuikon. Tähän korinttilaisen

formed the nucleus of the orchestras that performed there, and other players were sought out from the ranks of amateurs in the city, together with outside professionals who were taken on for particular concerts. Among the various musical ensembles that played under Pacius, mention should be made of the Academic Capella, the Instrumental Music Society, the Academic Orchestral Association and the Symphonic Association. Pacius also conducted and advised many amateur orchestras in Helsinki, one of which consisted of academic friends and official and commercial associates of the consul Henrik Borgström.

Pacius was particularly well-known as a conductor of oratorios, so that numerous notable European works were performed in Helsinki in the 1840s and 1850s, and the people were able to enjoy visits from many celebrated foreign musicians.[14] The newspapers reported that the musical evenings and concerts at the Society House featured "performances of Pacius' own compositions and works by others such as Spohr's *Die Wiehender Töne* and *Letzen Dinge*, Handel's *Messiah* and Felicien Davids' symphonic poem *Christopher Columbus*." Of the performers, the Helsinki public particularly loved the singing maidens Johanna von Schultz and Hanna Falkman, Mr. August Tavaststjerna and the Norwegian-American violinist and composer Ole Bull. The Helsinki audience also gave an especially warm welcome to the Stockholm soprano Jenny Lind when she visited in July 1843.

When the 25th anniversary of Pacius' arrival in Finland was celebrated at the Society House in spring 1859, Fredrik Cygnaeus made a speech to the guest of honour, Karl Collan sang one of the songs composed by him and Henrik Borgström presented him with a silver-

〈 Robert Kajanus johtaa Filharmonisen Seuran orkesteria eli nykyistä Helsingin kaupunginorkesteria populaarikonsertissa.

"Näiden populaarikonserttien miellyttävyyttä on lisännyt se, että täällä yleisöllä ei ole sitä välinpitämätöntä ilmettä, joka kernaasti pistää silmään hienonhienoissa musiikkitilaisuuksissa." (Rafaël Hertzberg, Helsingfors för tre hundra år sedan och i våra dagar, 1889, suom. Rolf Martinsen)

〈 Robert Kajanus conducting the orchestra of the Philharmonic Society, predecessor of Helsinki Philharmonic Orchestra, at a popular concert in the Society House in the 1880s.

"The nice thing about these popular concerts is that the audience don't sit there looking so glum as you are apt to see them on elegant musical occasions." (Rafaël Hertzberg, Helsingfors för tre hundra år sedan och i våra dagar, 1889, based on the Finnish translation by Rolf Martinsen)

plated conductor's baton in the form of a Corinthian column engraved with the names of the most significant works he had composed or performed while in Finland. The first performance of Pacius' own opera *King Charles' Hunt*, with libretto by Zachris Topelius, which had taken place seven years earlier, in spring 1852 was also connected with the great hall of the Society House. This memorable evening is described in the first part of August Ramsay's memoirs *Från barnaår till silverhår.* The actual performance took place in the city's first theatre building, designed by Engel and completed in 1827, which was situated at the end of the North and South Esplanades just a short distance east of the site of the present Swedish Theatre. The opera was performed by amateurs in the presence of the author and composer:

"The première was on 24th March 1852. As the performers had reserved seats for their own families long beforehand, other people had no hope of buying tickets. I had nevertheless managed to book a box in good time and had invited as many of my friends as I could fit in. The performance was greeted with boundless joy, and when the curtain finally fell, the whole audience, the cast and the orchestra joined together in *Maamme.* Then we went to the Society House for a celebration dinner, during which the spirit of patriotism intensified among the enthusiastic public and Topelius and Pacius were carried on high around the hall."

Toasts were drunk to the theatre as an art form and that theatre in particular, to the actors and to drama as a branch of literature. Champagne flowed in the great hall, which at best could hold a couple of thousand people. The opera was performed a total of nine times, and there was particular cause for celebration when the pylvään muotoiseen puikkoon oli kaiverrettu Paciuksen merkittävimmät Suomen aikaiset sävellykset ja esitykset. Paciuksen oman *Kaarle kuninkaan metsästys* -oopperan ensiesitys seitsemän vuotta aikaisemmin, keväällä 1852, liittyi Seurahuoneen juhlasaliin. August Ramsayn *Från barnaår till silverhår* -muistelmakirjan ensimmäisessä osassa kuvataan muistojen iltaa – itse ooppera esitettiin Engelin piirtämässä ja vuonna 1927 valmistuneessa ensimmäisessä teatterirakennuksessa Esplanadien päässä, hieman nykyistä Ruotsalaista teatteria idempänä. Ooppera esitettiin amatöörivoimin tekijöidensä Fredrik Paciuksen ja Zachris Topeliuksen läsnä ollessa:

"Ensiesitys oli maaliskuun 24. päivänä 1852. Kun esiintyjät olivat jo kauan edeltä päin varanneet paikat oman perheensä jäsenille, ei muilla ollut mitään mahdollisuuksia saada siihen pääsylippuja. Minä olin kuitenkin onnistunut jo hyvissä ajoin varaamaan toisen parvekkeista ja olin kutsunut ystäviäni niin paljon kuin sinne mahtui. Riemu oli rajaton, ja kun esirippu lopuksi laski, koko yleisö, esiintyjät ja orkesteri virittivät Maamme-laulun. Sitten siirryttiin Seurahuoneeseen juhlaillallisille, joiden aikana innostuneen yleisön isänmaallinen mieliala kohosi yhä korkeammalle ja Topeliusta ja Paciusta kannettiin riemukulussa ympäri salia."

Juhlaillallisten aikana kohotettiin maljoja teatterille, teatteritaiteelle, näyttelijöille ja draamakirjallisuudelle. Samppanja virtasi salissa, jonne parhaimmillaan mahtui lähes pari tuhatta ihmistä. Oopperaa esitettiin yhdeksän kertaa. Kun Runeberg saapui katsomaan oopperaa, oli syytä erityiseen juhlaan. Helsinkiläiset ylioppilaat kantoivat runoilijaa kultatuolissa ympäri Seurahuoneen juhlasalia isänmaallisten laulujen tahdissa.[15] Maaliskuussa 1902 Seurahuoneen juhlasalissa kantaesitettiin

poet J. L. Runeberg came to see it, so that the Helsinki students chaired him in triumph around the hall to the strains of patriotic songs.[15] In March 1902, the same hall was the venue for the first performance of Jean Sibelius' second symphony, which was then repeated twice on the same evening by popular request.

The series of popular concerts given by the Helsinki Orchestral Association under its conductor Robert Kajanus (1856–1933) began in the Society House in 1882. Kajanus had just returned to Finland that summer and had noticed the dismal prospects that faced the musical life of the capital, as there was no proper financial basis for maintaining a regular orchestra. Kajanus' Orchestral Association later developed into the Philharmonic Society and eventually gave rise to Helsinki Philharmonic Orchestra. His highly appreciated concerts that took place a few times a week extended over a period of more than 30 years. Although conducting with his back to the audience, Kajanus would follow the people's reactions carefully. Each concert was performed in three parts, and the public would be sitting at tables and enjoying food and drink. The orchestra would play classical music, but in an entertaining manner, and conversation would inevitably break out between the musical items, as general conviviality was the order of the day. It was common for the programme to contain a note against the slower items asking people to avoid talking too loudly!

These popular concerts formed a tradition that was greatly loved by the people of Helsinki, and in the course of time some of the great conductors and soloists of the world added an international flavour to them. People came from far and wide to hear the violinists Willy Burmeister and Charles Gregorovits, and the Society

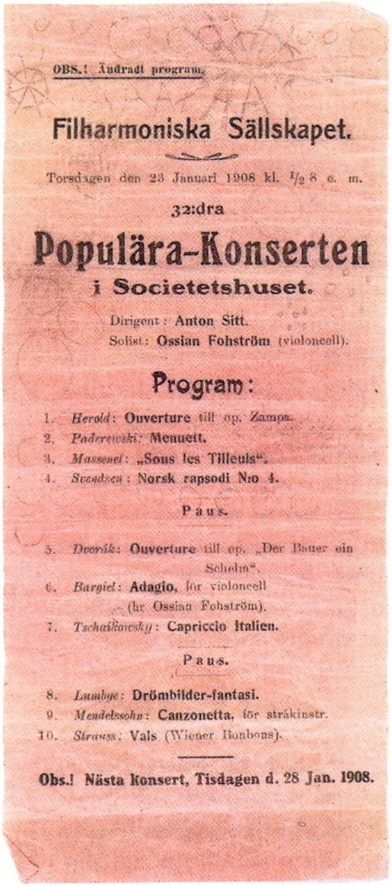
OBS.! Ändradt program.

Filharmoniska Sällskapet.

Torsdagen den 23 Januari 1908 kl. 1/2 8 e. m.

32:dra

Populära-Konserten

i Societetshuset.

Dirigent: Anton Sitt.
Solist: Ossian Fohström (violoncell).

Program:

1. *Herold*: Ouverture till op. Zampa.
2. *Paderewski*: Menuett.
3. *Massenet*: „Sous les Tilleuls".
4. *Svendsen*: Norsk rapsodi N:o 4.

Paus.

5. *Dvorák*: Ouverture till op. „Der Bauer ein Schelm".
6. *Bargiel*: Adagio, för violoncell (hr Ossian Fohström).
7. *Tschaikowsky*: Capriccio Italien.

Paus.

8. *Lumbye*: Drömbilder-fantasi.
9. *Mendelssohn*: Canzonetta, för stråkinstr.
10. *Strauss*: Vals (Wiener Bonbons).

Obs.! Nästa Konsert, Tisdagen d. 28 Jan. 1908.

‹ Seurahuoneella 1880-luvulla sekä 28. tammikuuta 1908 pidetyn populaarikonsertin ohjelma

‹ The programme for a concert held on 28th January 1908.

Jean Sibeliuksen toinen sinfonia. Esitys uusittiin saman illan aikana kahdesti; juhlayleisö innostui kovin musiikista.

Seurahuoneella aloitettiin 1882 Robert Kajanuksen (1856–1933) johtamat Helsingin orkesteriyhdistyksen (myöh. Helsingin kaupunginorkesteri) populaarikonsertit. Kajanus oli palannut Suomeen kesällä 1882 ja kiinnittänyt huomiota pääkaupungin musiikkielämän synkkeneviin näkymiin: puuttui taloudellinen perusta kunnon orkesterin toiminnalle. Kajanuksen orkesteri-

House began to live an artistic life. Representatives of arts such as Jean Sibelius, Akseli Gallen-Kallela, Eero Järnefelt, Albert Edelfelt, Selim Palmgren, Juhani Aho and Oskar Merikanto enjoyed the Tuesday concerts in the 1880s, and the poet Eino Leino was seen in the hall in the early 1910s. Indeed the Society House was one of his favourite haunts in Helsinki, as according to L. Onerva he regarded it as representing the finest in the culinary arts. He was especially fond of its *smörgåsbord.*

Numerous important state and political events, celebrations and evening entertainments were also held there. A certain amount of controversy was aroused in winter 1851 by an evening arranged by the university's deputy chancellor Johan Mauritz Nordenstam, who was to become a notable personality in his own right, in honour of the Crown Prince, the future Emperor Alexander II, who had completed 25 years in the office of chancellor of the university, on account of the fact that the students chose to boycott the event entirely. Other particularly memorable occurrences were a celebration lunch given by the citizens of Helsinki for the officers of the Finnish Guards Regiment in 1854, during the Crimean War, and a dinner held two years later to mark the achieving of peace between England and France.

The degree ceremony in spring 1857 included a celebration of the 700th anniversary of the introduction of Christianity into Finland, which was attended by a large number of invited academic guests from Sweden. At the evening entertainment in the Society House salon after the dinner, Fredrik Cygnaeus made a provocative speech that led to a minor clash between him and the young scientist Adolf Erik Nordenskiöld, resulting yhdistyksestä kehittyi myöhemmin Filharmoninen Seura, ja sen sylistä kasvoi Helsingin kaupunginorkesteri. Suosittuja populaarikonsertteja järjestettiin muutaman kerran viikossa ja kaikkiaan yli 30 vuoden ajan. Kajanus johti orkesteria selkä yleisöön päin, mutta yleisön reaktioita tarkasti seuraten. Konsertti koostui kolmesta osasta. Yleisö istui pöytien ääressä, nautti juomia ja ruokaa. Orkesteri soitti klassista musiikkia mutta viihteellisesti. Keskustelu porisi musiikin lomassa, seurustelu kuului asiaan. Hitaampien kappaleiden kohdalla ohjelmavihkossa varoitettiin: "välttäkää äänekästä puhetta!"

Populaarikonserteista kehittyi helsinkiläisten rakastama musiikkimuoto. Suuret kapellimestarit ja solistimuusikot toivat kansainvälistä tunnelmaa; viulistien Willy Burmeisterin ja Charles Gregorovitsin soittoa saavuttiin kuuntelemaan kaukaakin. Seurahuoneella vietettiin taiteilijaelämää. Tiistaikonserteissa viihtyivät 1800-luvun lopulla ainakin Jean Sibelius, Akseli Gallen-Kallela, Eero Järnefelt, Albert Edelfelt, Selim Palmgren, Juhani Aho ja Oskar Merikanto. Eino Leino nähtiin 1910-luvun alkuvuosina salissa; Seurahuone oli yksi runoilijan kantapaikoista Helsingissä. L. Onervan mukaan Leinolle Seurahuone edusti korkeaa kulinaarista osaamista. Erityisen herkullisena pidettiin ravintolan voileipäpöytää.

Seurahuoneella järjestettiin lukuisia valtiollisesti ja poliittisesti merkittäviä juhlatilaisuuksia ja illanviettoja. Talvella 1851 hämminkiä aiheutti myöhemmin tunnetuksi tullut varakansleri Nordenstamin illanvietto. Ylioppilaat jättäytyivät pois tästä juhlasta, joka järjestettiin yliopiston varsinaisen kanslerin, 25 vuotta tässä tehtävässä toimineen kruununperijä Aleksanteri II:n kunniaksi. Sotavuonna 1854 kaupunkilaiset tarjosivat juhlalounaan Suomen kaartin upseeristolle. Kaksi vuotta

in the latter being banished from the country and moving to Sweden on account of his opinions about Russia, which were felt to be too liberal. Later, in 1879, Nordenskiöld was welcomed to the Society House as a hero following his successful navigation of the North-East Passage in the *Vega*.

Innumerable birthdays of important celebrities, national festivals, weddings, funerals and other memorable occasions were commemorated at the Society House, and many formal dinners arranged by the Diet and evening entertainments following company shareholders' meetings were held in its rooms, similarly send-off parties for notable persons embarking on journeys and welcoming parties on their return. Particularly memorable among the commemorative events were those of 1858, when the Guards' Battalion held a Grand Ball in honour of the veterans of the 1808 war. The great salon was decorated on the theme of war, with the banners of both old and new regiments hanging on the walls together with rifles, sabres, military insignia and shields inscribed with the names of the most important battlefields of that war.

A Porthan evening in aid of the Helsinki collection for Finland's first public monument was held in the Society House in 1863, leading to the erection of a statue in memory of Professor Porthan in Turku a couple of years later.

The temperance movement in Finland was also connected with the building's history, as the university's professor of Russian, Stefan Baranovski, invited influential people among his circle of friends to the Society House in summer 1853 to consider the publication of temperance pamphlets. The group included Johan Vilhelm Snellman, Matthias Akiander, Gabriel Rein myöhemmin samat kaupunkilaiset järjestivät juhlaillallisen Englannin ja Ranskan rauhan kunniaksi. Kevään 1857 promootiossa vietettiin Seurahuoneella kristinuskon maahan saapumisen 700-vuotisjuhlaa. Paikalla oli runsaasti akateemisia kutsuvieraita Ruotsista. Juhlaa seuranneen illanvieton aikana Fredrik Cygnaeus piti Seurahuoneen salongissa poleemisen puheen, joka johti pieneen konfliktiin puhujan ja nuoren tutkijan Adolf Erik Nordenskiöldin välillä. Konflikti vaikutti siihen, että jälkimmäinen joutui maanpakoon ja siirtyi Ruotsiin. Nordenskiöldin Venäjä-mielipiteet koettiin liian liberaaleiksi. Vuonna 1879 Nordenskiöldiä juhlittiin Seurahuoneella sankarina onnistuneen Vega-matkan jälkeen.

Seurahuoneella vietettiin monia merkkihenkilöiden syntymäpäiviä ja kansalaisjuhlia, häitä ja hautajaisia sekä muita muistojuhlia. Lukuisia valtiopäiväillallisia ja yhtiökokousten päätösillanviettoja juhlittiin Seurahuoneen saleissa, samoin merkkihenkilöiden läksiäis- ja paluutilaisuuksia. Suurista muistotapahtumista kevään 1858 juhlat olivat mieleenpainuvat. Kaartin pataljoonan upseerit järjestivät suuret juhlatanssiaiset vuoden 1808 sodan veteraaneille. Suuri salonki oli koristeltu sotateemoja mukaillen. Seinille oli ripustettu uusia ja vanhoja rykmenttien lippuja, kivääreitä, sapeleita ja sotilaallisia tunnuskuvia sekä vaakunakilpiä, joihin oli kirjoitettu tärkeimmät Suomen sodan aikaiset taistelupaikat.

Suomen ensimmäisen julkisen muistomerkin Helsingin-keräystä tukeva Porthan-illanvietto järjestettiin 1863 Seurahuoneella. Professori Porthanin kunniaksi pystytettiin pari vuotta myöhemmin muistopatsas Turkuun.

Myös suomalaisen raittiustyön vaiheet liittyvät Seurahuoneen historiaan. Yliopiston venäjänkielen professori Stefan Baranovski kutsui ystäväverkostonsa

and August Schauman, and the collection raised 3,000 roubles, enough to finance the production of 13 booklets.

Charity and lottery evenings attracted large numbers of people. Particularly expansive in this field was the Helsinki Ladies' Association, founded in 1848, the members of which included the Mrs. Klinchkowström, Cronstedt, Crohns, Schauman, Borgström, Tengström and Gylldén. This was for a long time the only organization carrying out charitable work in Helsinki, its chief focus being on support for families in distress. The lottery evenings that it arranged in the Society House were especially popular and always included a *Tableau Vivant* and various thematic exhibitions to fill out the programme. Later they were joined in their charitable work by other organizations. The first Finnish-speaking charity event to be held in the Society House evidently took place in the late 1850s, arranged by the "Friends of Orphans", and the themes gradually became more varied, so that money was collected for a wider range of purposes: to buy firewood for the poor to heat their houses, to found a home for destitute old men in Katajanokka, or to buy boats for the rowing club. The charity dances in aid of the rowing club were extremely popular.

It is always worth supporting good causes on the strength of good food and drink, and these the Society House was able to offer in continental style. Many of its hotel managers and restaurateurs, some of whom came from abroad, from Germany or Sweden, have played a prominent part in the history of catering in Helsinki. The first person to be responsible for the celebration lunches and dinners was Miss Cajsa Wahllund, and the first true master of the house was the cellarman Jedermann. The cellarman in the 1840s was the celkeskeisiä yhteiskunnallisia vaikuttajia kesällä 1853 pohtimaan raittiuskirjasten kustantamista. Ryhmään kuuluivat Johan Vilhelm Snellman, Matthias Akiander, Gabriel Rein ja August Schauman. Keräys tuotti 3 000 ruplaa ja sillä kustannettiin 13 vihkosta.

Hyväntekeväisyys- ja arpajaisillanvietot keräsivät runsaasti väkeä Seurahuoneelle. Suureellisesti liikkeelle lähti Helsingin Rouvainyhdistys. Sen perustajiin vuonna 1848 kuuluivat muun muassa rouvat Klinckowström, Cronstedt, Crohns, Schauman, Borgström, Tengström ja Gylldén. Yhdistys oli pitkään ainoa hyväntekeväisyyttä harjoittava taho Helsingissä. Varat kohdistettiin kaupungin hädänalaisille perheille. Rouvien Seurahuoneella järjestämät arpajaisillanvietot olivat hyvin suosittuja. Juhliin kuului aina jonkinlainen näytelmällinen kuvaelma eli *Tableau Vivant*. Erilaiset teemanäyttelyt täydensivät ohjelmaa. Myöhemmin muitakin tahoja tuli mukaan hyväntekeväisyystoimintaan. Ensimmäinen suomenkielinen hyväntekeväisyystilaisuus järjestettiin Seurahuoneella tiettävästi 1850-luvun lopulla. Tuolloin asialla olivat "Orpolasten Ystävät". Teemat muuttuivat vaihtelevammiksi ja rahaa kerättiin eri tarkoituksiin: vähävaraisille halkorahoja lämmitystä varten, Katajanokalle varattomien ukkokotia varten ja soutukerholaisille veneiden hankkimista varten. Soutukerhon hyväntekeväisyystanssiaiset olivat varsin suosittuja.

Hyvää harrastusta sopi tukea hyvän ruoan ja juomien voimalla. Niitä Seurahuone tarjosi mannermaiseen tapaan. Monet Seurahuoneen hotellinjohtajat ja ravintolanpitäjät ovat jääneet Helsingin ravitsemuselinkeinon historiaan. Useat tulivat Suomen rajojen ulkopuolelta, Saksasta tai Ruotsista. Ensimmäisten juhlien tarjoilusta vastasi mamselli Cajsa Wahllund. Ensimmäinen varsinainen isäntä oli kellarimestari Jedermann. Sitten

ebrated W. Vohls, who was praised by his contemporaries for the excellent food served. The next restaurateur was the German-born Louis Kleineh, who owned numerous hotels and restaurants in Helsinki. Then, from the 1860s onwards, the manager of the Society House was the wine merchant A. J. Johannsson, who returned to Sweden in the 1890s, to be replaced by Johanna Maexmontan, the widow of an apothecary and manager of the Society House at Oulunkylä as well. The first Helsinki-born manager was Wilhelm Noschis, who took over in 1899.

The first major alterations to the interior of the building were made in the early 1860s, under pressure from the busy life of the capital city. The railway line to Hämeenlinna was inaugurated in 1862 and regularly sessions of the Diet began in Helsinki the following year. This meant a great diversification of the city's social life, which in turn called for new dining and entertainment facilities and for repairs to be made to the existing ones. The alterations to the Society House, supervised by the architect Carl Albert Edelfelt, included dividing the ballroom in two horizontally with a new floor and ceiling so that this space could be turned into hotel rooms and the moving of the restaurant from the first floor to the ground floor, where the toilets and water pipes were renewed. A start was also made on plans for a new ballroom, and after various consultations a design competition was announced and the eventual plans commissioned from the winner of that competition, the architect A. H. Dahlström. The new ballroom, corresponding to the middle section of the present-day main hall, was completed in 1863.

In practice the ballroom soon proved too small, and it was extended in the 1880s according to plans drawn up

1840-luvulla vaikutti kellarimestari W. Vohls, jota aikalaiset kiittivät hyvästä ruokapöydästä. Seuraava saksalaissyntyinen ravintolanpitäjä, Louis Kleineh omisti monta hotellia ja ravintolaa Helsingissä. Viinikauppias A. J. Johannsson johti Seurahuonetta 1860-luvulta lähtien. Hän palasi 1890-luvulla Ruotsiin, ja tilalle tuli apteekkarin leski Johanna Maexmontan. Hänen johdossaan oli myös Oulunkylän Seurahuone. Johtaja Wilhelm Noschis oli ensimmäinen helsinkiläissyntyinen Seurahuoneen johtaja; hän tuli virkaan vuonna 1899.

Ensimmäiset huomattavat muutostyöt talon sisätiloissa tapahtuivat 1860-luvun alussa, jolloin pääkaupungin elämä vilkastui. Helsingin ja Hämeenlinnan välinen rata avattiin vuonna 1862. Seuraavana vuonna Helsingissä alkoi säännöllinen valtiopäivätoiminta. Seuraelämän monipuolistuminen edellytti uusia tiloja ja vanhojen korjaamista. Seurahuoneen muutoksista vastasi arkkitehti Carl Albert Edelfelt. Vanha juhlasali jaettiin välipohjalla kahtia ja muodostettiin hotellihuoneiksi. Ravintola siirrettiin toisesta kerroksesta pohjakerrokseen ja rakennukseen saneerattiin vesiklosetit ja -johdot. Myös uuden juhlasalin suunnitteluun ryhdyttiin. Erinäisten pohdintojen jälkeen Seurahuoneyhtiö julisti kilpailun ja tilasi lopullisen suunnitelman kilpailun voittaneelta arkkitehti Axel Hampus Dahlströmiltä. Uusi sali, joka vastaa nykyisen juhlasalin keskilaivaa, valmistui vuonna 1863.

Käytössä juhlasali osoittautui liian pieneksi, ja sitä laajennettiin 1880-luvulla arkkitehti Granholmin suunnitelmien mukaan. Tällöin sali sai periaatteessa nykyisen muotonsa ja koreutensa. Vuosisadan loppupuolella rakennusta ajanmukaistettiin, korjattiin ja kunnostettiin useissa eri vaiheissa. Portaikkoa uudistettiin 1880-luvulla, samoin ravintolaa ja hotellihuoneita.

by the architect B. F. Granholm, whereupon it achieved in principle the form and decorativeness which it still shows today. The building was modernized, repaired and refurbished on several occasions towards the end of the century, however, the stairs being reconstructed and the restaurant and hotel rooms redecorated in the 1880s. The most obvious change to its outward appearance concerned the main entrance, where the granite ramp was demolished and an overhanging porch with balcony was built. This became a favourite place for hotel visitors to gather. The colour of the façade was changed in connection with repairs in 1885, the outside walls being treated with rose-pink oil paint and the pilasters and edgings painted dark brown.

The first public showing of a cinema film in Finland took place in the ballroom of the City Hall in June 1896, when a French agent for *La Lumière Cinématographe* showed a half-hour film consisting of fifteen sample episodes that depicted various forms of entertainment, sport, military parades and fairy stories. Success was assured, and this latest innovation was very well received throughout Helsinki. At the turn of the century, in the strained political atmosphere brought about by the government's Russification measures and the related strikes, protest marches, national petitions and other similar events, the Society House served as a central venue for political meetings arranged by the bourgeois elements, so that many of the evening entertainments included toasts to Finland and the Fatherland and the singing of *Maamme*.

When the lease granted to the Society House expired in 1913, Helsinki City Council decided that it needed the premises for its own use. Following the last evening, held in April 1913, the Old Society House (*Vanha Socis*

Tärkein ulkoasuun vaikuttava muutos koski pääsisäänkäyntiä. Vanha graniittiramppi purettiin ja sen tilalle rakennettiin sateensuojaksi altaani (parveke). Siitä muodostui hotellivieraiden suosittu oleskelupaikka. Seurahuoneen julkisivuväri muuttui vuoden 1885 korjauksissa: tuolloin kiinteistö maalattiin öljyvärillä roosaksi. Pilasterit ja listat olivat tummanruskeita.

Kesäkuussa 1896 Seurahuoneen juhlasalissa näytettiin julkisesti ensimmäinen elokuva Suomessa. Ranskalainen asiamies, *Cinématographe Lumiéren* edustaja, esitti puolen tunnin elokuvan yleisölle. Valkokankaalla nähtiin viisitoista kohtausta, aiheinaan erilaista viihdyttävää toimintaa, urheilua, sotilasmarssia ja satuaiheita. Suosio oli taattu, ja uusi viihde- ja elämysmuoto otettiin Helsingissä hyvin vastaan. Vuosisadan vaihteessa, kun poliittinen ilmapiiri tihentyi venäläistämistoimenpiteiden, lakkojen, mielenosoitusten, kansalaisadressien keräämisen ja muiden vastaavien tapahtumien seurauksena, Seurahuone toimi pääkaupungin keskeisenä poliittisten kokoontumisten porvarillisena tapahtumapaikkana. Useiden illanviettojen aikana kohotettiin maljoja Suomelle, Isänmaalle, ja *Maamme*-laulu kaikui monissa tilaisuuksissa.

Seurahuoneen vuokrasopimus Helsingin kaupungin kanssa päättyi 1913, kun kaupunki tarvitsi tilaa hallinnolleen. Seurahuoneen viimeistä iltaa vietettiin huhtikuussa 1913. Vanha Socis, *Gamla Socis*, jäi nyt vain helsinkiläismuistoihin. Hotelli ja ravintolatoiminta siirtyivät lähemmäs liikenteen valtasuonta, rautatieaseman tuntumaan. Vanha Seurahuone siirtyi Helsingin kaupungille, jolla oli rakennuksen suhteen muita, suuria suunnitelmia.

/ *Gamla Socis*) passed into history and the memories of the people of Helsinki and its hotel and restaurant were moved to a site closer to the heart of the everyday life of the city, just opposite the railway station. Its old building passed into the hands of Helsinki City Council, which had great plans of another kind for it.

The dream of a new city hall is abandoned

By the time the Old Society House closed its doors for the last time in spring 1913 the City Council had already arranged an architectural competition for a new city hall. There were two factors that made this a pressing issue. In the first place, there was a need to resolve the question of the "architectural organization" of the south side of the Senate Square, as the question of the preservation of façades had arisen when the owners of the building on the corner of Sofiankatu, the G. F. Stockmann Company, announced in 1910 that they were considering putting it up for sale. The City Council seized upon the opportunity and began to formulate an agreement to be made with the company that a new building comprising both a city hall and shop premises but with a common façade should be built, so that the company could continue functioning on the same site. At the same time the old question of "more space for the city's administration" had raised its head once again.

The earlier consensus on this matter had now been shattered, and discussions centred around both the site for the city hall and the assignment of space within it. It was claimed that the building of a city hall for Finland's capital was something that called for an architectural competition, but at the same time it was necessary to look for a suitable site. The Temple Square in Töölö

⌄ Illalliset Seurahuoneen juhlasalissa 1900-luvun alussa.

⌄ A banquet in the assembly hall of the Society House in the early 1900s.

was suggested, as also was the square outside the railway station. It was also felt necessary to offer an opportunity "for producing original designs in which a creative architect would not have his hands tied by the surroundings to the same extent as if the façade on the Market Place side of the block were to reproduce the same style as the Senate Square side, so that a natural

Unelma omasta kaupungintalosta hautautuu

Kun Vanhan Sociksen viimeistä iltaa vietettiin keväällä 1913, oli kaupunki jo järjestänyt arkkitehtuurikilpailun uudesta kaupungintalosta. Hankkeen ajankohtaistumiseen vaikutti 1910-luvun alussa kaksi tekijää. Ensinnäkin haluttiin ratkaista kaupungin paraatitorin eli Senaatintorin eteläpuolen "rakennustaiteellinen järjestäminen". Julkisivujen suojelu nousi esiin, kun Sofiankadun kulmatontin omistaja G. F. Stockmann Osakeyhtiö oli tarjoamassa taloaan myyntiin vuonna 1910. Kaupungissa havahduttiin ja alettiin valmistella sopimusta Stockmannin kauppaliikkeen kanssa. Tavoitteena oli, että uusi kaupungintalo ja kauppaliike muodostaisivat julkisivultaan yhtenäisen kokonaisuuden, jälkimmäisen jatkaessa toimintaa uudessa kokonaisuudessa. Vanha kysymys "avaramman tilan hankkimisesta kunnallishallinnolle" ajankohtaistui samalla.

Aiempi yksituumaisuus oli murtunut; keskusteluun nousi nyt kysymys kaupungintalon paikasta ja tilaratkaisuista. Katsottiin, että kaupungintalohanke oli hoidettava Suomen pääkaupungin arvolle sopivalla tavalla: oli järjestettävä kilpailu maan johtaville arkkitehdeille. Samalla tuli pohtia uudisrakennukselle sopivaa paikkaa. Esiin nostettiin muun muassa Töölön Temppeliaukio ja Rautatientori. Oli tarjottava mahdollisuus "laatia omintakeisia suunnitelmia, joissa luova arkkitehti ei olisi samassa määrin ympäröivän arkkitehtuurin sitoma, että Kauppatorin puoleinen julkisivu olisi sommiteltava samaan tyyliin kuin Senaatintorin puoleinen, ja että niin ollen luonnollinen rakennusaine ei voisi ensin mainitussakaan tulla kysymykseen." Luonnollisella rakennusaineella viitattiin tiileen, josta oli tullut Pohjois-Euroopassa suosittu julkisten rakennusten materiaali.

building material could not be contemplated even in the former case." The reference to a "natural material" evidently denoted brick, which had become fashionable in Northern Europe at that time, having been used in the magnificent Copenhagen City Hall, for instance, which had been inaugurated in 1905.[16]

Now there were new men in charge and the process went forward accordingly. It was the City Exchequer that called the tune.[17] The assignment of space in the new city hall had more or less been resolved over the last 15 years, and it was now clear that they wanted the City Administrative Court, City Archives, Bailiffs' Office, City Court of Justice, Council Chamber and Council Offices all to be under the same roof, and space would also be needed for the City Exchequer itself, its offices and those of the Construction Department, the Board of Public Works and certain other standing committees and their officials. All in all, the space requirement was set at around 21,000 m^3.

The committee of 1911 had come down in favour of locating the new city hall within the existing town hall block, maintaining that the old building was spacious enough for the purpose, the plan would be financially expedient and the ideology behind the Senate Square and its buildings would be implemented in this way, as it would complete the buildings lining the square and give them a consistent appearance. The square would finally take on its intended character of a "miniature Finland", comprising "the Church, University, Government and Local Administration".

In the committee's view this scheme would ensure that the place remained at the heart of the city centre even though the city was in practice expanding towards the north and west. The Senate Square would stand for

Se oli muun muassa vuonna 1905 valmistuneen Kööpenhaminan suurellisen ja komean uuden kaupungintalon rakennusmateriaali.[16]

Asialla olivat uudet miehet ja uudet ajatukset, ja meno oli sen mukainen. Tahtipuikko oli rahatoimikamarilla.[17] Tilaohjelma oli 15 vuodessa kiteytynyt: nyt samaan taloon haluttiin maistraatti, kaupunginarkisto, ulosottolaitos, raastuvanoikeus sekä kaupunginvaltuusto ja sen kanslia. Tilaa tarvittiin myös rahatoimikamaria, rakennus- ja rahatoimikonttoria, yleisten töiden hallitusta sekä eräitä muita lautakuntia ja niiden virkamiehiä varten. Kaikkiaan tilaa arveltiin tarvittavan noin 21 000 m^3.

Vuoden 1911 komitea asettui puolustamaan uuden kaupungintalon sijoittamista olemassa olevaan raatihuoneenkortteliin. Puolustajat viittasivat siihen, että vanhat tilat olivat riittävät ja ratkaisu oli taloudellisesti edullinen. Senaatintorin aatteellinen ohjelma saatiin siten toteutetuksi. Näin Senaatintori saatettiin lopullisesti valmiiksi ja torin eteläpuolen rakennukset voitiin yhdenmukaistaa. Toritilaan tulisi lopullisesti Suomi pienoiskoossa eli "Kirkko, Yliopisto, Hallitus ja Kunnallinen itsehallinto". Komitean arvelun mukaan paikka säilyisi kantakaupungin keskeisosana, vaikka Helsinki laajenisi pohjoiseen ja länteen. Senaatintori edusti hallintoa, Kauppatori kauppaa ja merenkulkua: "Kaupungintalon sijoittaminen tänne olisi erittäin hyvin perusteltua. Siten sen yksi julkisivu rajoittaisi Senaatintoria, toinen antaisi Eteläsatamaan päin – siis luonnollinen paikka niin tyypillisen merikaupungin kuin Helsingin kaupungintalolle."

Kaupungintalokysymys ja Senaatintorin kaunistamishanke synnyttivät laajan, varhaisen rakennussuojeluun liittyvän kansalaiskeskustelun. Vastakkain asettuivat

government in the same way as the Market Place stood for commerce and seafaring. "There would be every justification in locating the city hall here. Then one façade would be on the Senate Square and the other facing towards the South Harbour – a natural site for the city hall in a maritime city such as Helsinki."

The city hall question and the drive to beautify the Senate Square gave rise to extensive discussions on a theme which was later to be known as the protection of historical buildings, in which the supporters of the architecture of Engel were opposed by those favouring a new city hall. The sketch produced by the architect Armas Lindgren showing how the city hall façade on the Senate Square side might look had aroused a maelstrom of opinion, especially since it begged the question of the preservation of the former governor-general's palace and existing city hall. The issue took on a more political character when *Nya Pressen* declared itself to be in favour of preserving Engel's contribution to the Senate Square and was opposed by a faction that included the leaders of the city administration and the architects and engineers committed to their cause, who were of the opinion that time had run out for Engel's buildings, or, as an anonymous correspondent writing to the newspaper *Hufvudstadsbladet* put it in April 1911, "Of the other buildings on the Senate Square that are owned by the City it may be said in all honesty that they are architecturally and historically utterly uninteresting."[18]

The Market Place had gained in importance in the early years of the 20th century, and its transition towards an element belonging to a major city was sealed visually with the completion of the splendid building for the Suomi Insurance Company in 1912. Just before that the city's first statue to be erected in a public place,

Engelin arkkitehtuurin puolustajat ja uuden kaupungintalon kannattajat. Arkkitehti Armas Lindgrenin laatima ideapiirustus kaupungintalon Senaatintorin puoleisen sivustan järjestämisestä oli nostattanut mielipidemyrskyn. Kysymys liittyi entisen kenraalikuvernöörin palatsin ja raatihuoneen, olemassa olevan kaupungintalon säilyttämiseen. Asia politisoitui, kun *Nya Pressen* keväällä 1911 asettui puolustamaan Engelin kädenjälkeä Senaatintorilla. Vastavoimat, joihin kaupungin johto ja asiaan sitoutuneet arkkitehdit ja insinöörit kuuluivat, katsoivat kuitenkin että aika oli ajanut Engelin rakennusten ohi, tai kuten nimimerkki Nils W. muotoili *Hufvudstadsbladetissa* huhtikuussa 1911: "Kaupungin omistamista muista Senaatintorin varrella olevista rakennuksista voi rehellisesti sanoa, että ne ovat arkkitehtoniselta ja historiallisesta arvoltaan täydellisen epäkiinnostavia."[18]

Kauppatorin painoarvo oli kasvanut 1900-luvun alussa. Muutos kohti suurkaupunkimaista tilaa näkyi vuonna 1912, kun vakuutusyhtiö Suomen liikepalatsi valmistui. Aiemmin oli sen eteen paljastettu kaupungin tilaama ensimmäinen julkinen kaupunkiveistos, Ville Vallgrenin tekemä *Havis Amanda* -suihkulähde. Alue muuttui urbaanimmaksi ja jalankulkijoille sopivammaksi. Seuraava vaihe oli kaupungintalokilpailun järjestäminen vuonna 1913. Valtuusto käsitteli kilpailun järjestämistä ja siihen liittyviä ehtoja. Kilpailua ei sinänsä vastustettu, mutta puhetta riitti siitä, kannattiko kaupungin sitoa käsiään sen tuloksiin. Kunnallistaloudellinen linja oli vahvoilla. Puhuttiin uusien tilojen tarpeellisuudesta, mutta samalla haluttiin tutkia mahdollisuuksia muuttaa Seurahuone kaupungin väliaikaiseksi virastotaloksi. Äänin 37–10 äänestettiin silti kilpailun järjestämisen puolesta.[19]

Ville Vallgren's fountain *Havis Amanda*, had been unveiled just in front of that same site. The area had become a more urbane one and one that was more suitable for pedestrians.

The next stage, then, was the organizing of the architectural competition in 1912–1913. When the city council met to consider the matter and make its recommendations for the conditions to be laid down, no one objected to the competition as such, but there was a great deal of discussion over whether the council should commit itself to heeding the outcome of it. Again the financial viewpoint received the most support: while it was evident that more space was needed, a desire was also expressed to examine the possible repercussions of converting the Society House into a temporary city office. Even so, the voting was 37–10 in favour of holding the competition.[19]

Although the competition for sketches outlining the new city hall had been a disappointment for the organisers, i.e. the City Council, the members curbed their feelings for a year or so and then announced the competition proper in June 1912. The jury was to meet the following May.[20] Altogether 23 sets of plans were submitted, with names that alluded to the cultural milieu from which the dream of a city hall had sprung, that of Italy, and the physical location in which it was to materialize, Helsinki.[21] When the nine leading contenders had been identified, it became clear that it would be impossible to name a winning entry as such, and the jury had to content itself with noting that the task had posed both aesthetic and practical problems for all the entrants. Thus no first prize was awarded. One of the joint second prizes went to Armas Lindgren, whose proposal was in two parts: a city hall with an Empire-

Kaupungintalon luonnospiirustusten palkintokilpailu oli pettymys järjestäjille eli Helsingin kaupungille. Pettymyksen herättämiä tunteita hauduteltiin vuoden verran. Kilpailu julistettiin kesäkuussa 1912 ja palkintolautakunta kokoontui päätöksentekoon toukokuussa

﹀ Armas Lindgrenin ehdotus Helsingin uudeksi kaupungintaloksi vuodelta 1913. Ajatuksena oli purkaa vanha hotelli Seurahuone ja rakentaa tilalle monumentaalinen kaupungintalorakennus Tukholman ja Kööpenhaminan mallin mukaan. Suunnittelukilpailussa ei jaettu lainkaan ensimmäistä palkintoa, vaan Lindgren joutui tyytymään jaettuun toiseen sijaan. Lopulta kaupungintaloksi muutettu Seurahuoneen vanha rakennus otettiin käyttöön tammikuussa 1932.

style façade reminiscent of St. Petersburg towards the Senate Square and a façade with medieval connotations towards the Market Place. Its virtues were seen to lie in the fact that the ground plan was straightforward and the main façades blended in well with their contrasting surroundings. The third prize was awarded to the trio of architects Taucher, Cajanus and Blomstedt, who were praised for the solidity and simplicity of their monumental façades although some drawbacks were perceived in the assignment of space within the building.

From this point onwards matters developed slowly. As was typical of the administrative style of Helsinki City Council at that time, a new committee was appointed to decide on the next steps to be taken. The jury

‹ Design produced by Armas Lindgren in 1913 for a new city hall in Helsinki. The idea was to demolish the old Society House and replace it with a monumental City Hall on the lines of those in Stockholm and Copenhagen. No first prize was awarded in the competition, however, and Lindgren had to be content with a shared second prize. Eventually alterations were made to the old Society House building and it was re-opened as the City Hall in January 1932.

vuotta myöhemmin.[20] Piirustuksia saapui kaikkiaan 23. Ehdotusten nimet viittasivat kaupungintalounelman kulttuuriseen esikuvamaahan eli Italiaan ja konkreettiseen kotiseutuun eli Helsinkiin.[21] Kun lopulta esiin oli karsittu yhdeksän kärki, ilmeni, että varsinaista voittanutta ehdotusta ei voitu julistaa. Palkintolautakunta saattoi vain todeta lausunnossaan, että tehtävän ratkaiseminen oli tuottanut kaikille kilpailuun osallistujille sekä esteettisiä että käytännöllisiä ongelmia. Ensimmäistä palkintoa ei siksi jaettu. Jaetun toisen palkinnon sai arkkitehti Armas Lindgren, jonka ehdotus oli kaksijakoinen: kaupungintalosuunnitelman Senaatintorin puoleista julkisivua leimasi niin sanottu pietarilainen empire, kun taas Kauppatorin puoleinen fasadi viittasi keskiaikaan. Lindgrenin esityksen ansiona nähtiin se, että pohjaratkaisu oli selkeä ja pääjulkisivut sopivat erilaisiin ympäristöihinsä. Kolmannen palkinnon sai arkkitehtikolmikko Taucher, Cajanus ja Blomstedt. Vaikka puutteita nähtiin sisätilaratkaisuissa, kehuttiin ehdotuksen julkisivujen varmaa ja yksinkertaista rakennustaiteellista monumentaalisuutta.

Asia eteni tämän jälkeen hitaasti. Helsingin hallintokulttuurille ominaisessa hengessä perustettiin jälleen uusi komitea kehittelemään asiaa edelleen. Palkintolautakunnalta ei tullut esitystä uuden kilpailun järjestämisestä kuuden kärkiehdokkaan välillä; näin oli menetelty Kööpenhaminassa ja Tukholmassa ja saatu huomattavasti paremmat uudet suunnitelmat aikaiseksi. Poliitikkojen ja virkamiesten keskuudessa ei raatihuonekorttelin suhteen päästy yksimielisyyteen. Päättämättömyyteen vaikutti sekin, että keskustelu kaupungintalon paikasta jatkui edelleen vilkkaana. Esiin nousi myös kysymys hotelli Seurahuoneen tilojen ottamisesta kunnostuksen jälkeen kaupungin hallintokäyttöön. Vaikka raha-

had not made any recommendation for a new competition to be held between the six best entries in the first round as had been done in Copenhagen and Stockholm, where this approach had yielded considerably better proposals, and the politicians and civil servants had not reached any concerted opinion regarding the old town hall block. The mood of indecision was also partly a consequence of the fact that lively discussions were still going on over the location of the new city hall. It was at this point that the possibility was raised of taking over the Society House premises for this purpose after restoration. Eventually, although the City Exchequer had decided towards the end of 1913 to recommend further development of the plans for a new city hall and the setting aside of funds to pay for this, there was insufficient political support. Thus the whole question was left in abeyance by the City Council on two occasions in 1914, and soon afterwards it became apparent that, given the pressures exerted on local government by wartime conditions, the whole project would have to be shelved until the World War was over.[22]

New plans and temporary solutions: the Society House becomes the City Hall

The dream of a new city hall nevertheless lived on with undiminished strength in the period after the war and Finland's declaration of independence. The reform of the local government legislation in 1919 that introduced the "one man, one vote" principle into its decision-making greatly enlivened the political atmosphere at that level, and the Social Democrats, who emerged as a large and powerful group on the City Council, shared the ambition of planning a new city hall. It was admittoimikamari päätyi loppuvuonna 1913 suosittelemaan kaupungintalosuunnitelmien edelleen kehittämistä ja varojen myöntämistä suunnittelua varten, ei poliittista myötäisyyttä ollut tarpeeksi. Kaupunginvaltuusto laittoi asian pöydälle kahdesti vuonna 1914. Pian ilmeni, että sota-aika asetti kunnallishallinnolle uusia erityisvaatimuksia ja hanke jäi kriisiajan asiainhoidon alle.[22]

Uusia suunnitelmia ja väliaikaisia ratkaisuja: Seurahuone kaupungintaloksi

Unelma kaupungintalosta eli sota-ajan ja itsenäistymisen jälkeen edelleen vahvana. Kunnallislainsäädännön uudistus toi vuonna 1919 "mies ja ääni" -periaatteen kaupungin päätöksentekoon, mikä vaikutti piristävästi kunnallispoliittiseen ilmapiiriin. Sosialidemokraatit nousivat voimalla suureksi valtuustoryhmäksi, joka jakoi ajatuksen oman talon suunnittelusta. Itsenäisyyden ensi vuosina 1920-luvun alussa voitiin todeta, että tilanne oli edelleen epätyydyttävä. Vanha Seurahuone oli otettu kaupungin käyttöön ja sinne oli sijoitettu keskeisin hallintoelin eli rahatoimikamari. Maistraatti ja raastuvanoikeus jakoivat edelleen vanhan raatihuoneen ahtaat tilat. Yleisesti tiedettiin, että Seurahuone oli huonossa kunnossa. Rakennus oli liikkunut perustoiltaan ja seiniin oli tullut suuria halkeamia; talo oli 100 vuotta aikaisemmin pystytetty palkeille ja maa oli hiekkapohjainen. Perustan vahvistamisesta vallitsi yksimielisyys. Vain siten voitiin estää lisähalkeamien muodostuminen. Myös yleinen mielipide alkoi kypsyä ja muutoksia asiaintilaan alettiin vaatia muun muassa lehdistössä kaupungin yleisen edustavuuden nimissä. Valtuusto, joka kokoontui Helsingin Pörssitalon vuokratiloissa, myönsi syksyllä 1924 reilun määrärahan perustan korjaamiseksi.[23]

ted in the first years of Finnish independence, in the early 1920s, that the situation was far from satisfactory. The council had taken possession of the Society House, and one of its main offices, the City Exchequer, had been accommodated in it, but the City Administrative Court and Court of Justice were still functioning under very cramped conditions in the old town hall. It was widely known that the building of the Society House was in a poor state of repair. It had been put up a hundred years previously on a sandy site and had shifted on its foundations, so that there were huge cracks in the walls. There was general agreement that the foundations would have to be reinforced, as this was the only way of averting further cracks, and public opinion in general, in the press and elsewhere, demanded that something should be done, as the city's image was liable to suffer. Thus the City Council, meeting in rented rooms in the Stock Exchange, voted in autumn 1924 to set aside a substantial sum of money for repairing the foundations of the Society House.[23]

The city hall question aroused lively discussions once more in 1923–1924, and there was talk of locating the main council offices on the site of the former Turku Barracks or on a corner site adjacent to the Barracks Square (Kasarmintori) where the Public Works Department was currently housed, although admittedly in old premises. The building work could be financed out of the proceeds from the sale of the old Society House site and sites on the Barracks Square. Those of a more realistic turn of mind, like the City Architect, Gunnar Taucher, nevertheless drew attention to the expense involved and the long time needed to complete the project. Again examples were to be found close at hand, in that the planning and construction of the city

Kaupungintalokeskustelua käytiin vilkkaasti vuosina 1923–1924. Puhuttiin kaupungin pääviraston saamisesta Turun kasarmien paikalle tai Kasarmintorin kulmatontille, jossa nyt sijaitsi rakennuskonttori, sekin vanhoissa tiloissa. Uudishanke rahoitettaisiin vanhan Seurahuoneen ja Kasarmintorin tonttien myynnistä saaduilla tuotoilla. Realistit, kärjessä kaupunginarkkitehti Gunnar Taucher, vetosivat kuitenkin hankkeen kalleuteen ja pitkäkestoisuuteen. Esikuvat olivat lähellä: Kööpenhaminan ja Tukholman kaupungintalojen suunnittelu ja rakentaminen olivat vieneet toistakymmentä vuotta. Helsingissä tuskin päästäisiin vähemmällä, totesi Taucher. Hän nosti esille halvemman ja Helsingin kunnallistalouden puitteisiin paremmin sopivan ratkaisun: vanha Seurahuone tuli kunnostaa valtuuston ja sen kanslian käyttöön sekä muuttaa kaupungin pääedustustilaksi.[24]

Tilakysymystä asetettiin syksyllä 1924 valmistelemaan virkamieskomitea, johon kuului Taucherin lisäksi edustajia maistraatista, rahatoimikamarista ja raastuvanoikeudesta. Se tarkasti olemassa olevat kunnallishallinnon ja oikeuden tilat ja saattoi vain todeta: Helsingissä vallitsi lähes sanoinkuvaamaton tilanne. Tilanahtaus oli valtava ja olennaisetkin toiminnot vailla kunnon tiloja. Kaikenlaiset mukavuudet puuttuivat ja kaupungin tilojen yleisvaikutelma oli ”vaatimaton, suorastaan jopa alkeellisen primitiivinen”. Ilmastointi oli olematonta ja paikoin tilat olivat huurteisen kylmiä. Huonekalut olivat kurjassa kunnossa. Kaiken yllä lepäsi harmaa tunkkaisuus. Väliaikaisratkaisuilla oli koetettu paikata pahimpia puutteita, siinä juurikaan onnistumatta, kuten komitea kirjasi.[25]

Yleisesti saatettiin vedota vain yhteen seikkaan: Helsinki oli Suomen pääkaupunki, mutta kunnalliset

halls in Copenhagen and Stockholm had in each case taken well over ten years. Helsinki could scarcely manage any better, Taucher claimed. He then put forward a cheaper and more suitable solution as far as the city finances were concerned: that the old Society House should be refurbished for the use of the City Council and its offices and should contain the council's main meeting and reception rooms.[24]

A new committee of civil servants, comprising representatives of the City Administrative Court, City Exchequer and City Court of Justice together with Taucher himself, was appointed in autumn 1924 to prepare new proposals. Having examined the current state of the premises in which the city administration and justice departments were functioning, all it could say was that the situation was unspeakable. There was an insufferable shortage of space and even some highly essential services were without any proper place in which to function. All kinds of facilities were lacking entirely, and the general impression of the council buildings was that they were "unpretentious, in fact downright primitive". Ventilation was almost non-existent and some of the rooms were icy cold. The furniture was dilapidated and there was a grey, fusty air hanging over everything. Various temporary solutions had been found to remedy the worst defects, but these had mostly been unsuccessful, the committee found.[25]

One fact rose above all others in the general evaluation: that Helsinki was the capital of Finland but its municipal buildings and facilities were not in keeping with this status. Economy could not be considered a virtue when it was a question of working space, and it was generally acknowledged in public that the city needed adequate rooms in which to hold its receptions rakennukset ja tilat eivät vastanneet tätä asemaa. Säästäväisyys ei riittänyt arvoksi, kun tilakysymyksestä puhuttiin. Julkisuudessa viitattiin siihen, että pääkaupunki tarvitsi riittävät ja kunnolliset edustustilat. Ideologisesti oikea hetki oli käsillä tammikuussa 1925. Tuolloin Helsingin kaupunginvaltuusto kokoontui 50-vuotisjuhlaistuntoonsa. Valmisteluvaliokunta oli tehnyt kokoukseen esityksen siitä, että vuoden 1924 obligaatiolainasta osoitetaan siirtomäärärahana kaksi miljoonaa markkaa Helsingin kaupungintalon rakentamiseen. Päätös syntyi yksimielisesti.[26] Vaikka hyvä tahto oli jälleen kerran ilmaistu, jatkui asian hidas valmistelu edelleen. Nyt uutta innostusta synnytti Töölönlahden alueen suunnittelun avaaminen – sinne oltiin pitkien pohdintojen jälkeen sijoittamassa kaupungin uutta valtiollis-poliittista keskusta. Eduskuntatalon suunnittelu oli jo alkanut, ja alueelle oli kasvamassa tiivis ja komea Töölön kaupunginosa.[27]

Kaupungintalokysymys nytkähti eteenpäin vasta vuosikymmenen lopulla, kun kaupunginarkkitehti Taucher esitteli uudisrakennussuunnitelman vuonna 1928. Muitakin suunnitelmia tehtiin Helsingissä kaupungintalokorttelin monumentalisoimiseksi ja sivukatujen leventämiseksi. Myös uudisrakennuksen vastavoimat järjestäytyivät: näkemys olemassa olevan kaupunkikuvan säilyttämisestä voimistui nyt selvästi. Päätöksentekoon voitiin lopulta ryhtyä vuonna 1929, kun selvisi, että kaupunki saattoi ostaa kauppaliike Stockmannin ja Helsingin Osakepankin pankkitilat Aleksanterinkadulla. Samaan ajankohtaan sijoittui kolmas suuri kunnallishallinnon uudistus. Moderni kaupunginjohtajuus synnytettiin vuoden 1927 laissa kaupunkien kunnallishallinnosta. Samalla velvoitettiin perustamaan kaupunginhallitus kunnallishallinnon johtavaksi elimeksi.[28]

and other official events. Ideologically, the right moment for attending to these problems arose in January 1925, when the City Council held its 50th anniversary meeting. The drafting committee had put a proposal before the council that a sum of two million marks out of the proceeds of the sale of local government bonds in 1924 should be allocated for the building of a city hall, and this was approved unanimously.[26] A proposal was made at this meeting that work should commence on the planning of a new city hall, but actual preparations still went ahead slowly in spite of the expressions of a will to bring about improvements. New enthusiasm was nevertheless aroused by the commencement of planning in the area around the Bay of Töölö, where – after much deliberation – a new centre for the political institutions of the state was planned. Work had already begun on designing a Parliament Building, and the new densely constructed and highly elegant suburb of Töölö was taking shape.[27]

Progress was made in the matter of the city hall only in 1928, when City Architect Taucher presented a plan for an entirely new building, although other plans were also in existence for rendering the existing town hall block more monumental in character and broadening the side-streets around it. Now it was the turn of those who were opposed to a new building to gather their forces, and the view that the current general appearance of the city should be preserved gained fresh momentum. A decision could finally be made in 1929, when it became evident that the council might well purchase the buildings belonging to the Stockmann department store and the Bank of Helsinki on Aleksanterinkatu. This also coincided with a major revision of city administration in Finland as a result of the law of 1927 that

Muutos mahdollisti tilakysymyksen uudelleenarvioinnin kaupunginjohtajavetoisesti.

Tammikuussa 1932 vietettiin Helsingissä vihdoin uuden – tai uusvanhan – kaupungintalon avajaisia. Vanha Seurahuone vihittiin tuolloin virallisesti Helsingin kaupungintaloksi ”vaatimattomin, mutta arvokkain menoin, kunnioittaen kaupungin hallinnon tervettä makua ja säästäväisyyslinjaa”, kuten lehdissä todettiin. Paikalle oli kutsuttu valtuuston entisiä puheenjohtajia puolisoineen sekä valtuutettujen ja virkamiesten puolisoita. Tarjolla oli teetä ja musiikkiohjelmaa. Rakennuksen

established the mayor of a town or city as the principal executive officer and required the creation of a board to manage municipal affairs. This change meant that the whole accommodation question could be re-examined under the leadership of the mayor himself.[28]

The opening ceremony for the new – or rather refurbished – main building was finally held in January 1932, when the old Society House was officially inaugurated as Helsinki City Hall "with modest but dignified celebrations that did credit to the administration's thrift and good taste", as the newspapers put it. The previous council chairmen and their wives had been invited, as had the wives of the current councillors and city officials, and tea was served and a programme of music provided. The building had been completely restored with a view to its new use under the supervision of the City Architect, and the new City Board had ratified its change in name the previous year. [29] The reorganization of the office space was looked on at the time as no more than an interim solution until the question of the city hall had been finally resolved, and thus the proposal had been that "the utmost economy should be observed with regard to renovation and reconstruction costs, so that this money should not be completely wasted when the offices are fitted out in their final form."[30]

In practice the alterations made to the Society House were relatively minor ones. A few dividing walls were moved and the rooms were mostly refurbished by

‹ Kaupungintalon ja rahatoimiston yhdistänyt Huokausten silta.

‹ The City Exchequer was linked to the City Hall by the "Bridge of Sighs".

nimenmuutoksen kaupunginhallitus oli vahvistanut vuotta aikaisemmin.[29] Seurahuone sekä Raatihuone oli peruskorjattu kaupunginarkkitehdin johdolla uuteen käyttöön sopivaksi. Virastohuoneistojen uudelleen järjestely nähtiin jo syntyhetkellä väliaikaisratkaisuna, kaupungintalokysymyksen odottaessa lopullista ratkaisua. Siksi muutosehdotuksessa oli ”noudatettu mitä suurinta korjaus- ja uudestirakennuskustannusten säästäväisyyttä, jotta eivät nämä sittemmin virastohuoneistojen lopullisessa järjestelyssä menisi täydellisesti hukkaan.”[30]

Käytännössä Seurahuoneen muutostyöt jäivät vähäisiksi. Muutamia väliseiniä siirrettiin ja huoneita lähinnä ehostettiin maalaamalla ja tapetoimalla. Suurimmat kustannukset koskivat valtuustosalin kunnostamista. Uusien järjestelyjen avulla raastuvanoikeus ja eri hallintokunnat sekä kaupunginkanslia saivat lisätilaa. Entiseen Seurahuoneeseen sijoitettiin kiinteistölautakunta ja kiinteistötoimisto, rakennuskonttorin talorakennusosasto, tilastotoimisto (Sofiansaliin), kaupunginhallitus, kaupunginjohtajat ja -sihteeri sekä kaupunginkanslia. ”Uusi luku alkaa kaupungin historiassa”, kirjoitti pääkaupungin media tilanteesta. Tiedotusvälineille uusia tiloja esitteli kiinteistötoimen apulaiskaupunginjohtaja Erik von Frenckell. Erityisesti ihailtiin uutta ”Huokausten siltaa”, joka yhdisti entiseen pankkikiinteistöön sijoitetun rahatoimiston uuteen kaupungintaloon.[31]

Valtuusto piti ensimmäisen kokouksensa Seurahuoneella 7. tammikuuta 1932 lukuisten kunniavieraiden läsnä ollessa. Valtuuston puheenjohtaja Ivar Lindfors (rkp) piti valtuutetuille ja kutsuvieraille avajaispuheen, jossa hän korosti omien tilojen merkitystä: ”Pidettyään kokouksensa lähes kaksi vuosikymmentä vuokratiloissa on valtuusto tästä lähtien tilaisuudessa kokoontumaan oman katon alla. Se tulee niin sanoakseni lähemmäs

painting and wallpapering them. The greatest expense was incurred in the renovation of the great hall as the council chamber. The new arrangements had provided ample space for the City Court of Justice, the various administrative departments and the council offices, while space in the Society House was allocated to the Real Estate Committee and Real Estate Department, the housebuilding section of the Public Works Office, the Statistical Office (in the Sofia Room), the City Board, the mayor and his deputies, the city clerk and the City Offices. The local media greeted the situation with the comment that “A new chapter in the city’s history has begun.” The representatives of the media were shown round the new premises by the Deputy Mayor with responsibility for real estate, Erik von Frenckell, and were especially delighted with the “Bridge of Sighs” which linked the City Exchequer, located in the former bank building, with the new City Hall.[31]

The council held its first session in the new building on 7th January 1932, in the presence of numerous guests of honour. In his opening speech the chairman, Ivar Lindfors (Swed.), emphasized the importance of having a council chamber of their own. “Having held its meetings on rented premises for almost twenty years, the council now has the chance to meet under its own roof. It has come closer to its own, one might say, and it will be able to send its roots down deeper than before. Let us hope that mutual trust will be strengthened within these walls..., for it is on this that the welfare of our city will depend and its development will rest.” The chances of achieving a better understanding were indeed greater, as the poor acoustics in the chamber had been improved by adding curtains that would absorb some of the sound.[32]

kuntaa, ja juuret saavat mahdollisuuden tunkeutua entistä syvemmälle. Toivokaamme, että näiden seinien sisällä lujittuu luottamus, josta kaupunkimme hyvinvointi on riippuvainen ja jolle sen kehitys on rakennettava." Yhteisymmärryksen edellytykset uudessa valtuustosalissa kasvoivat suuremmiksi, kun salin huonoa akustiikkaa parannettiin ääntä vaimentavin verhoin.[32]

Nyt käyttöön oli otettu koko suuri kortteli Kauppatorin ja Senaatintorin välissä. Se oli konkreettisesti yhdistetty yhdeksi kaupungintalotontiksi. Maistraatti muutti pois vanhasta raatihuoneesta ja sai uudet kokoontumis- ja virkatilat entisen Stockmannin tavaratalon tiloista. Keskusrikospoliisin tilat olivat Sofiankadulla. Sofiankadun ja Aleksanterinkadun komeassa kulmahuoneessa istui pormestari Arthur Castrén. Huone toimi myös siviilivihkimistilana. Stockmannin tiloihin siirrettiin kaupungin verovirasto. Osakepankin tiloihin Kauppatorin varrella muutti rahatoimikamari. Kunniavieraille ja tiedotusvälineille esiteltiin uutta kaupungintaloa ja näytettiin muun muassa kaupunginjohtajien uudet työhuoneet. Eniten ihastusta herättivät kaupunginjohtaja Antti Tulenheimon virkahuone, jonka sisustamisesta oli vastannut Oy Stockmann, sekä Erik von Frenckellin funkistyyliin sisustettu työhuone. Lehdet olivat yhtä mieltä siitä, että Helsingissä oli vihdoin siirrytty uuteen aikaan.[33]

Now the whole of the quarter extending between the Market Place and the Senate Square had been taken over by the council and its buildings had been joined together physically to form a single City Hall complex. The City Administrative Court moved out of the old town hall and occupied new court rooms and offices in the former Stockmann building, and the chief magistrate, Arthur Castrén had a magnificent room on the corner of Sofiankatu and Aleksanterinkatu in which civil marriage ceremonies were also held. The police station and the city tax office were likewise moved into the Stockmann building, while the bank premises beside the Market Place housed the City Exchequer. The guests of honour and representatives of the media were taken round the new City Hall and shown the new offices of the city executives, among which particular admiration was aroused by that of Antti Tulenheimo, which had been fitted out by the Stockmann Company, and that of Erik von Frenckell, furnished in the Functionalist style. The newspapers agreed unanimously that this marked the dawn of a new age.[33]

^ Kaupunginhallituksen kokous 4. tammikuuta 1941 kaupungintalon ensimmäisen kerroksen kokoushuoneessa.[34] Kaupunginjohtajat olivat tuolloin kaupunginhallituksen jäseniä, ja kaupunginjohtaja Antti Tulenheimo (4. vasemmalta) toimi kaupunginhallituksen puheenjohtajana. Tulenheimon oikealla puolella istuu kaupunginvaltuuston puheenjohtaja Eero Rydman.

^ Meeting of the Executive Board of Helsinki City Council in its room on the ground floor of the City Hall on 4th January 1941.[34] At that time the mayor and his deputies were members of the Executive Board and the mayor, Antti Tulenheimo (4th from the left) was its chairman. Sitting on his right is Eero Rydman, chairman of the City Council.

Tavoitteena moderni kaupungintalo ja uudet virastorakennukset

HELSINKI OTTI luontevan kansallisen asemansa tasavallan pääkaupunkina itsenäistymisen jälkeen vuonna 1917. Kunnallisen demokratian läpimurto, paikallisen toimivallan ja kunnallistalouden laajentuminen ja uudenlaiset sosiaaliset ongelmat edellyttivät yhteistyötä yli poliittisten rajojen. Pääkaupunki selvisi Talvi- ja Jatkosodan pommituksista suhteellisen vähäisin vaurioin. Vuoden 1946 suuri alueliitos aloitti Helsingin suurkaupungistumisen, joka tapahtui samankaltaisesti kuin muissa Pohjoismaiden pääkaupungeissa. Hyvinvoinnin ja kunnallisen palvelutuotannon tavoitteet liitettiin yhteiskuntasuunnittelun tavoitteisiin. Vuoden 1945 maaperästä nousseet teemat, kuten asunto- ja liikennekysymys, sosiaalitoimi ja terveydenhoito, "nuorisoprobleemi", valtion ja kaupungin välinen suhde ja kunnallishallinnon rationalisointi, olivat samaan aikaan ajankohtaisia kaikkialla Euroopassa.

Towards a modern City Hall and new office buildings

WHEN FINLAND gained independence in 1917 Helsinki had assumed its natural status as the country's capital, whereupon the emergence of local democracy, the extension of the powers of the local authorities and the scope of the local economy and the new types of social problems that came to the fore called for cooperation across political divides. Later, having survived the Winter War and Continuation War with relatively little damage, Helsinki was able to absorb neighbouring districts through rearrangements of the municipal boundaries in 1946 and was thus able to take on the character of a metropolis in the same manner as the capitals of the other Nordic countries. This meant that the council's social planning goals were combined with those of welfare and the provision of local authority services. The themes that rose out of the situation that prevailed in 1945, such as questions of housing and traffic, social

‹ Helsingin kaupungin kunnallisen keskuskeittolan uusi ruokasali, Kaupunginkellari, avattiin mm. kaupungin virkamiesten käyttöön Katariinankatu 2:ssa vuonna 1921.

‹ The City Cellar, the new restaurant at Katariinankatu 2 belonging to the City Council's central catering facility, was opened for use by council officials and others in 1921.

Pääkaupungissa näkyi kunnallisen itsehallinnon ja virkamieskunnan vahva asema. Helsinkiä ryhdyttiin modernisoimaan; tavoitteena oli funktionaalinen, toimiva ja rationaalinen kaupunki. Painopiste oli dynaamisessa kasvussa, kaupunki- ja liikennesuunnittelussa, hyvinvointipalvelujen tuottamisessa paikallisen toiminnan kaikille osa-alueille sekä julkisen sektorin vahvassa korostumisessa. Sotien jälkeisinä vuosikymmeninä kaupungintalossa tehtiin monia suuria kunnallispoliittisia ratkaisuja, jotka kattoivat kaiken asuntokysymyksestä metron rakentamiseen. Kriittinen kansalaismielipide sai aikaan 1960-luvulta lähtien kiinnostusta rakennushistoriaan ja ympäristöarvoihin. Kritiikin kohteena olivat kaupungintalo, siellä vaikuttavat poliittiset päättäjät ja muut "isokenkäiset": heidän koettiin etääntyneen asukkaiden elämästä ja arkisista tavoitteista.

Jälleenrakennuksen vuosina kunnille sälytettiin uusia tehtäviä. Eri sektorit, kärjessä sosiaali- ja opetustoimi sekä terveydenhuolto, kasvoivat vahvoiksi palveluntuottajiksi. Puhuttiin "hiljaisesta vallankumouksesta", sillä hyvinvointia tuotettiin julkisen sektorin toimenpitein. Vallankumous näkyi kaupungin virkojen määrän kolminkertaistumisena vuosina 1941–1961. Välirauhan vuosina kaupungilla oli töissä noin 5 600 henkeä. Vuonna 1961 virkojen määrä oli kasvanut jo 14 300 henkeen. Lisäksi työsuhteessa kaupunkiin oli 1960-luvulla jo yli 9 000 henkeä. Suurinta kasvu oli ollut naisvaltaisilla aloilla eli sairaanhoidossa, huolto- ja opetustoimessa sekä liikennelaitoksella. Vuonna 1965 kaupungin viranhaltijoiden määrä nousi yli 15 000:een. Helsingissä oli sotien jälkeen voimassa päätös, jonka mukaan kaupunki ei palkannut ulkokuntalaisia eli henkilöitä, jotka eivät olleet Helsingissä kirjoilla.[35]

Kunnallisvirkamiesten ja -työntekijöiden määrän

services and health care, the "youth problem", the relationship between local and central government and the rationalization of the local administration, were matters of urgency throughout Europe at that time.

In the case of Helsinki this meant that the strong position of local self-government and the municipal officials became visible, and the local authorities set about modernizing the city to give it the hallmarks of an efficiently and rationally functioning community. The focus was on dynamic growth, city planning, traffic management, the production of welfare services in all branches of local activity and a heavy accent on the public sector. Many significant local government decisions were taken in the post-war decades that covered all aspects of life from the housing question to the building of a metro. Critical public opinion then produced movements of a similar type from the 1960s onwards, such as an interest in the history of the city's buildings and in environmental values. This criticism was directed at the City Hall, the political decision-makers who were active there and other members of the "ruling class", who it was felt had alienated themselves from the lives and everyday aspirations of ordinary people.

Among the additional responsibilities placed upon the local authorities during the post-war reconstruction years were the development of certain sectors, most notably social welfare, education and health care, into powerful producers of services. People would speak of the "silent revolution", as welfare was being created through public sector measures. This revolution was also reflected in the number of regular Council employees, which tripled from around 5,600 persons in 1941 to as many as 14,300 in 1961, in addition to which there were more than 9,000 other city workers by the latter kasvu sai aikaan tilaongelmia. Helsingissä ei uusia julkisia hallintorakennuksia ollut rakennettu sotien jälkeen juuri lainkaan. Tarve kasvoi nyt vauhdilla. Tilaongelmaa ryhdyttiin ratkomaan aluksi "suorituspuolella" eli rakennusvirastosta. Se oli kuulunut pitkään kaupungin suurimpiin virastoihin. Viraston suuri organisaatiouudistus huipentui uudisrakennukseen, joka vihittiin vuonna 1961 käyttöön Kasarmintorin laidalla, Kasarminkadun ja Pohjoisen Makasiininkadun risteyksessä. Paikka oli

﹀ Helsinki-Seuran 25-vuotisillalliset Kaupunginkellarissa, todennäköisesti 8.4.1959. Vasemmalta rahatoimen apulaiskaupunginjohtaja Eino Waronen, Ateneumin taidemuseon intendentti ja Helsinki-Seuran puheenjohtaja Aune Lindström, kaupunginjohtaja, ylipormestari Lauri Aho sekä hänen edeltäjänsä ylipormestari Eero Rydman.

year. The greatest increases of all were in areas with high female employment such as nursing and teaching, and also in transport. By 1965 the number of regular employees had passed the 15,000 mark, in spite of the fact that a principle had been in force since the war that the City Council would not employ outsiders, i.e. persons who were not registered as living in Helsinki.[35]

The rise in council employment naturally led to a new shortage of space in its buildings. There had scarcely been any new administrative building since the war, and the need for such was increasing at an accelerating pace. Efforts to solve the problem commenced with the sector that was best placed to do something about it, the Public Works Department. This had for a long time been one of the largest among the council's departments, and a thorough revision of its organization

〈 25th anniversary dinner of the Helsinki Society in the City Cellar, probably on 8th April 1959. From the left: Eino Waronen, deputy mayor with responsibility for finance, Aune Lindström, curator of the Atheneum Art Museum and chairman of the Helsinki Society, Lauri Aho, mayor of Helsinki, and Eero Rydman, his predecessor as mayor.

pitkään ollut eräs uuden kaupungintalon tonteista. Rakennusvirastoon keskitettiin kaupungin hallinnollinen uudisrakentaminen; uudessa virastotalossa palattiin pohtimaan kaupungintalokysymystä. Kaupungintalokortteli oli nyt "täynnä". Kaupungin hallinnolliset toiminnat olivat levittäytyneet viereisiin kortteleihin sekä vuokratiloihin hajautettuna eri puolille kantakaupunkia, lähinnä Kallioon ja Töölöön sekä Tennispalatsiin, Stadionille ja Lasipalatsiin.

Katseet käännettiin jälleen kaupungintalokortteliin ja Seurahuoneeseen. Sotien jälkeinen suurin uudistustyö kaupungintalossa koski oman kellariravintolan saamista Seurahuoneen taakse, pohjakerroksen tasoa alempiin tyhjiin huoneisiin. Siitä tuli virkamiesravintola "Kaupunginkellari", joka vihittiin uusittuna käyttöön syksyllä 1947. Kaupunginkellarista tuli osa kaupungin virallista edustustilaa. Virkamieshallinnossa pyöriteltiin 1950-luvulla lukuisia suunnitelmia uusista virastotaloista ja pohdittiin vanhojen rakennusten uudelleen käyttöä. Eräs keskustelun kohde olivat Kaartin kasarmit. Sodassa pahoin pommitettujen rakennusten kohtalo oli auki. Kolme komiteaa pohti, laski ja suunnitteli vuosina 1945–1955 oikeus- ja poliisitalon sekä sosiaaliviraston rakentamista ja uudisrakennusten huoneohjelmaa. Myös kaupungin keskeisten virastojen ja edustustilojen sijoittamista kaupungintaloon tai sen läheisyyteen pohdittiin ja suunniteltiin.

Kaupungintaloksi vähin muutoksin saatettuun Seurahuoneeseen jouduttiin tyytymään pitkään, kuten Helsingin kaupungin tiedotuspäälliköksi vuonna 1962 valittu Bengt Broms kuvaa:

"Perin Aarre Välikankaan huoneen perinnerikkaan kaupungintalon ylimmässä kerroksessa. Ikkunoista avautui näköala kauppatorille ja merelle. Huoneen ja

culminated in new premises, taken into use in 1961, at the junction of Kasarminkatu and Pohjoinen Makasiininkatu beside the Barracks Square, on the same site, in fact, which had for a long time been contemplated for the new city hall. As the Public Works Department itself was responsible for new administrative buildings for the council's use, it was only natural that, now that it was well housed, discussions should return to the city hall question. The City Hall block between the Senate Square and the Market Place was now "full" and various branches of the administration had spilled over into the adjacent blocks, and into rented accommodation in other parts of the city, mainly Kallio and Töölö, and in the Tennis Hall, the Stadium and the Glass Palace (Lasipalatsi).

All eyes were once more turned towards the City Hall block and the Society House. The main improvement that had been carried out in the City Hall since the war had been the construction of a cellar restaurant behind the main building of the Society House. Opened in autumn 1947 after renovations, this had become the main eating place for the city's officials and part of the reception suite. Numerous discussions had gone on in council circles over ideas for constructing new office buildings or taking older ones back into use. One case in point concerned the Guards' Barracks, which had been badly damaged by bombing in the war, so that their fate was still undecided. Three committees were appointed in 1945–1955 to consider the building of a new police station and law courts and of a new social welfare office and to determine the division of space in new office buildings. There was also talk of rearranging the location of offices and reception facilities in the existing City Hall and its environs.

talon saneerausvaiheessa kadonnutta kodikkuutta korosti koivuvalkea, joka talviaamuisin paloi kauniissa, talon hotelli- ja bordelliajoilta peräisin olevassa uunissa. Välistä olin kyllä pyörtyä siivoojan liian aikaisin sulkeman uunin häkään ja paleltua puisten takaportaiden jääkylmään wc:hen."[36]

Kaupungintalon suunnittelun kolmanteen vaiheeseen päästiin vasta 1960-luvulla, kaupunginjohtaja Lauri Ahon (kok.) aikaan. Asiassa edettiin kaksivaiheisesti. Ensin järjestettiin kilpailu sosiaalivirastotalon ja sen ympäristön suunnittelusta. Sen voitti arkkitehti Heikki Sirén avustajineen. Kallion virastotalo, joka vihittiin keväällä 1965, oli tuolloin suurin Helsingin kaupungin rakennuttama julkinen rakennus. Se muodosti ensimmäisen osan siitä liike-, virasto- ja kulttuuritalojen sarjasta, jota 1960-luvulla alettiin rakentaa Kallioon, Hakaniementorin tuntumaan. Uuteen virastotaloon siirrettiin sosiaalialan toiminnot, kaupunginarkisto, tilastotoimisto, kansakoulujen kansliat, urheilu- ja retkeilytoimisto ja nuorisotoimisto.

Uudesta virastotalosta muodostui lyhyeksi aikaa Helsingin uusi kaupungintalo. Kaupungin korkeat virkamiehet siirtyivät Kallioon varsinaisten kaupungintalokortteleiden suursaneerauksen tieltä. Väliaikaisesti sosiaaliviraston tiloissa olivat vuosina 1965–1970 kaupunginhallitus ja kaupunginkanslia. Tuolloinen apulaiskaupunginsihteeri Harri Sormanen muistelee: "Kun me tultiin sinne sosiaaliviraston taloon viideksi vuodeksi siitä tulikin melkein kaupungintalo. Meillä oli käytössä kahdeksannessa kerroksessa tilat ja neuvotteluhuone yhdeksännessä."

Muutolla oli selvä syy: Seurahuone- eli kaupungintalokorttelin suureen kunnostus- ja uudisrakennustyön suunnitteluun oli vihdoin ryhdytty 1950-luvulla.

In practise, however, it was necessary for a long time to remain satisfied with just a few minor alterations to the premises taken over from the Society House, as described by Bengt Broms, who was appointed as the City Hall Information Officer in 1962:

"I inherited Aarre Välikangas' room on the top floor of the historic City Hall, with windows looking out over the Market Place and the sea. The homeliness that had otherwise been eradicated by the renovation of the room and the whole building was restored by the blazing birch logs that I would find on winter mornings in the elegant fireplace that was a legacy from the days when the building served as a hotel and brothel. On the other hand, there were days on which I nearly fainted from carbon monoxide poisoning because the cleaner had closed the flue before the fire had properly gone out, and there were times when I nearly froze visiting the ice-cold toilet on the wooden back stairs."[36]

It was only in the 1960s, when Lauri Aho (Cons.) was Mayor, that work began on the third phase of designing the City Hall. This phase was also carried out in two parts. First a competition was announced for designing a new social welfare building and its surroundings. The winner of this was a plan put forward by the architect Heikki Sirén and his associates, which led to the construction of the Kallio office building, the largest building ever commissioned by Helsinki City Council up to that time, which was taken into use in spring 1965. This formed the first part of a series of commercial, office and cultural buildings produced close by the Hakaniemi Market Place in Kallio from the 1960s onwards, and initially accommodated the social services, the city archives, the statistical office, the junior school offices, the sport and recreation office and the youth affairs office.

Valtuusto päätti kaupungintalokortteleiden saneerauksesta vuonna 1958. Päätöstä oli edeltänyt prosessi, jossa oli tuttuja piirteitä 1910- ja 1920-luvuilta. Jälleen kerran oli pohdittu uuden kaupungintalon tarvetta, ja virkamiestyöryhmät olivat etsineet sopivia uudistiloja. Sellaisiksi oli tarjottu muun muassa Lasipalatsin tai puhtaanapitolaitoksen alueita Mannerheimintiellä, kaupunginpuutarhaa Töölönlahden pohjoispuolella ja eläintarhan aluetta. Poliitikot eivät lämmenneet näille

For a short time, in fact, this new office building also served as a city hall, as the higher echelons of the City Council moved there for the duration of a major refurbishment of the City Hall blocks. Thus the City Board and City Office functioned temporarily on the premises of the Social Welfare Department in 1965–1970. As the Assistant City Clerk at that time, Harri Sormanen, recalls, "When we came to the Social Welfare building for five years it more or less turned into a city hall. We had our offices on the eighth floor and our meeting room on the ninth."

There was an obvious reason for the move. The immense task of planning the renovation and extension of the buildings in the City Hall block had finally been undertaken in the 1950s and the City Council had made its decision to begin the refurbishment in 1958, bringing to an end a process somewhat similar to those

‹ Purkutyöt ovat alkaneet kaupungintalon sisätiloissa vuonna 1965. Aarno Ruusuvuoren suunnitelman mukaan toteutetussa saneeraustyössä vanha Seurahuone purettiin kokonaan lukuun ottamatta ulkoseiniä, sisääntuloaulan pylväikköä ja juhlasalia.

‹ Demolition work in progress for renovations to the interiors of the City Hall in 1965. The plans drawn up by Aarno Ruusuvuori required gutting of the whole of the inside of the old Society House building, leaving only the outer walls, the colonnade in the entrance hall and the ballroom intact.

ajatuksille. Vuoden 1958 päätös merkitsi, että uutta kaupungintaloa ei rakennettu. Tavoitteeksi asetettiin arkkitehtikilpailu, jonka avulla kaupungintalokorttelit ja sen viereiset korttelit saneerataan kunnollisen ohjelman mukaisesti. Keskustan hallintokortteleissa oli vapautumassa tiloja ja ne haluttiin kaupungin keskus- ja kiinteistöhallinnon käyttöön.

Arkkitehtikilpailussa edettiin samalla tavalla kuin 1910-luvulla. Ensin tilattiin yhdeltä arkkitehdilta alustavat luonnossuunnitelmat. Tehtävän sai arkkitehti Aarno Ruusuvuori vuonna 1955. Kaupunki halusi vanhasta rakennuksesta ajanmukaisia toimisto-, kokous- ja edustustiloja. Arkkitehtikilpailussa vuonna 1960 parhaaksi todettiin Ruusuvuoren suunnitelma ”Kivinen eläintarha”. Jatkosuunnitelman mukaisiin rakennustöihin päästiin vihdoin vuonna 1965. Pitkää suunnitteluvaihetta seurasi nopea päätöksenteko, kuten tuolloin valtuuston puheenjohtaja Teuvo Aura (lib.) toteaa muistelmissaan *Sovitellen* (1982): ”Pitkiksi venyneet keskustelut talon tulevaisuudesta ja mahdollisista korjauksista vietiin pikaisiin päätöksiin sen jälkeen, kun katossa killunut komea kristallikruunu kesken kaupunginhallituksen istunnon katuliikenteen aiheuttaman tärinän johdosta romahti räsähtäen lattialle. Muistan tuon kaupungintalon korjaamispäätökseen johtaneen rysäyksen vielä elävästi.”

Saneerausohjelman tavoitteena oli ”kulttuurihistoriallisesti ja rakennustaiteellisesti merkittävien rakennusosien esiin otto ja saattaminen niiden arvoa vastaavaan käyttöön.”[37] Ensimmäinen rakennusvaihe, joka alkoi vuonna 1959, kohdistui Katariinankadun itäpuolisiin kiinteistöihin. Saneeraustöihin liittyi myös entisen Privatbankenin talo Pohjoisesplanadin ja Unioninkadun kulmassa. Kaupungintalokorttelin eteläosa eli

that had taken place in the 1910s and 1920s. Again there had been deliberations over the need for a new city hall and official committees had been set up to look for suitable premises. Possibilities had been raised regarding the Glass Palace or the areas in the possession of the Public Sanitation Department on Mannerheimintie, in the city gardens north of the Bay of Töölö and around the nearby zoo, but the politicians had not responded favourably to these ideas. The decision of 1958 meant, however, that no new city hall would be built and instead sights were set on an architectural competition for the renovation of the City Hall blocks and those adjacent to them to meet the council's requirements. Space was being released in the administrative centre of Helsinki and the City Council wanted to make use of that space for its own central administration and Properties Department.

The architectural competition proceeded in the same manner as in 1912–1913, in that preliminary sketches were commissioned from one architect, this time from Aarno Ruusuvuori, in 1955 for the conversion of the old buildings into modern offices, meeting rooms and reception rooms. The jury decided in 1960 that the best outline was Ruusuvuori's *Stone Zoo*, and the building work finally commenced in 1965, in accordance with the subsequent plans. The long planning stage eventually led to a rapid decision, as the chairman of the City Council at that time, Teuvo Aura (Lib.), noted in his memoirs: “The protracted discussions over the future of the building and the possible repairs to be made to it were brought to an abrupt conclusion when a beautiful glass chandelier fell to the floor with a crash in the middle of a meeting of the City Board, presumably on account of traffic vibration. I remember vividly that

Tule BULGAR
AS-484

crash that helped rush the decision through." (Teuvo Aura, *Sovitellen*, 1982)

The declared aim of the refurbishment programme was "to accentuate the historically and architecturally significant parts of the building and enable them to be used in a manner in keeping with their status."[37] The first stage, which began in 1959, was focused on the properties on the east side of Katariinankatu and also involved the former Private Bank building on the corner of the Northern Esplanade and Unioninkatu. The rebuilding of the southern parts of the City Hall block, mainly the Society House, took place in 1962–1970. The old Society House was practically demolished, leaving only the outer walls, the ballroom, some of the arched ceiling in the lower entrance hall and a few dividing walls intact, and an entirely new, modern office building was constructed within the old walls. Office facilities were also extended along the other sides of the block and the council chamber and reception rooms were located in the inner parts. Eventually only the old ballroom, which together with its foyers came to constitute the main reception area for use in city

‹ Rakennustelineet pitävät kaupungintalon ulkoseiniä pystyssä 1960-luvun uudelleenrakennustyön aikana. Sofiankadun yli rahatoimistoon johtaa vielä "Huokausten silta", joka sittemmin korvattiin alikulkutunnelilla.

‹ The outer walls of the City Hall were held up by scaffolding during the renovations in the 1960s. At this stage Sofiankatu was still spanned by the "Bridge of Sighs", leading to the City Exchequer. This was later replaced with an underground passage.

pääasiassa Seurahuone rakennettiin uudestaan vuosina 1962–1970. Vanha Seurahuoneen talo purettiin lähes kokonaisuudessaan. Vain ulkoseinät, juhlasali, eräät ala-aulan holvaukset ja muutamat väliseinät säästettiin. Tilalle vanhojen seinien sisäpuolelle nousi täysin uusi ja moderni virastorakennus. Toimistotilat pantiin kiertämään pitkin kadunvieriä ja valtuusto- ja edustustilat sijoitettiin kortteleiden sisäosiin. Uudisrakennuksessa vain juhlasali, josta lämpiöineen tuli kaupungin tärkein edustustila, jäi muistuttamaan vanhan Seurahuoneen kulta-ajoista. Kaupunginhallitus ja kaupunginkanslia saivat runsaasti uutta huone- ja toimistotilaa.

Uusi kaupungintalo, jonka empirejulkisivun takana avautui moderni toimistotalo, vastasi ilmeeltään ja hengeltään hyvin 1960-luvun uudistavaa ja eteenpäin katsovaa henkeä. Tämä henki ei suosinut kompromissia modernin ja vanhan välillä. Vanha rakennuskanta väistyi nykyajan vaatimusten tieltä ilman vastarintaa. Kaupungin korkein poliittinen ja hallinnollinen johto asettui varauksetta Ruusuvuoren suunnitelmien taakse. Yhteistyö oli saumatonta, kuten valtuuston tuolloinen puheenjohtaja, pankinjohtaja Teuvo Aura muisteli: ”Olin aikoinani kaupungintalon korttelin saneeraamisen palkintolautakunnan puheenjohtaja. Työ oli mukavaa ja erityisesti jatkotyöskentely ensimmäisen palkinnon voittaneen Ruusuvuoren kanssa elähdyttävää. Pidin Ruusuvuorta nerokkaana nykyaikaisena arkkitehtina, joka pieteettiä osoittaen pyrkii myös säilyttämään vanhasta sen todella arvokkaan osan ilman hurmoshenkistä liioittelua.”

Historia ja urbaanit arvot nähtiin symbolisina, ei konkreettisiin tekoihin velvoittavana. Kaupungintalon miljöön ja julkisivujen säilyttämistä perusteltiin vetoamalla paikan historiallisiin merkityksiin, kuten

functions, was left to remind people of the glorious days of the old Society House. This meant an abundance of new rooms and office space for the City Board and City Office.

The new City Hall, in which a modern office building was revealed once one passed through the imposing Empire-style façade, was a fitting response to the innovative and forward-looking spirit of the 1960s which would not broach any compromise between old and modern. The old building was forced to yield without resistance to one that came up to contemporary standards. The city's highest-ranking political and administrative leaders were unreservedly behind Ruusuvuori's plans and gave him their full support, as Teuvo Aura recalls, "I was chairman of the committee for awarding the prizes in the architectural competition for the renovation of the City Hall block in my time. It was a pleasant task, and working afterwards with the winner of the first prize, Ruusuvuori, was especially inspiring. I looked on him as a genius among modern architects who was also merciful to the point of preserving what was really valuable in the old architecture without ecstatically exaggerating it."

History and urbane values were looked on as having a symbolic function and not as obliging the council to undertake any concrete measures, and thus the preservation of the environment and façades of the City Hall was justified in terms of the historical significance of the place, as noted in the report of the City Board in 1959: "The administration of this city has been located in the same area for centuries, although admittedly on the other side of the block, facing towards the Senate Square. It is a product of history that the central organs of both national and municipal government should have

todettiin vuonna 1959 kaupunginhallituksen mietinnössä: "Kaupungin hallinto on jo vuosisatojen ajan ollut sijoittuneena samalle alueelle, aikaisemmin tosin Senaatintorin puolelle. Historiallisen kehityksen tuloksena sekä valtion että kaupungin keskushallinto ovat muodostuneet Senaatintorin ympäristöön, josta on muodostunut selkeä hallinnon kaupunginosa, joka puolestaan liittyy kaupungin liike-elämän keskukseen. – Pääkaupungin keskushallinnolle on edullista sijaita valtion korkeimpien hallintoelimien läheisyydessä. Niin

gathered around the Senate Square, which has come to form an administrative district adjacent to the city's main commercial centre. It is indeed advantageous that the central administration of the capital city should be located in the immediate vicinity of the highest administrative offices of the state, just as it is also of practical benefit that it should be located close to the central organizations responsible for the commercial life of the nation. It would be particularly difficult to imagine moving the City Exchequer away from its present position close to the centre of the country's banking system."[38]

The opening ceremony for the reconstructed City Hall was held in autumn 1970, at a time when the ideological atmosphere in the country had already changed somewhat and fierce discussions had arisen over the expense involved in the renovation work. Further tension had been raised by a pamphlet entitled *Whose Helsinki?* published by two students of architecture, Mikael Sundman and Vilhelm Helander in the spring of the same year. They had launched a furious attack on the principles behind the renovation of the Society House, criticizing the expense of the whole project and deploring the blatant destruction of an old building of obvious cultural significance. The City Hall was now a sham: behind the Empire-style façade lay a new world of concrete and glass. The students maintained that a

‹ Kaupungintalon sisääntuloaulan pylväikkö säilytettiin 1960-luvun uudelleenrakentamisen yhteydessä rakennuksen Seurahuone-ajan perintönä.

‹ The colonnade in the entrance to the City Hall was retained during the refurbishment in the 1960s as a reminder of the days of the Society House.

ikään on käytännöllistä hyötyä siitä, että kaupungin keskushallinnon virastot ovat lähellä maan taloudellisen elämän keskuselimiä. Erityisesti on vaikeata kuvitella rahatoimiston siirtämistä nykyiseltä paikaltaan, joka on lähellä maan pankkitoiminnan keskusta."[38]

Saneeratun kaupungintalon avajaisia vietettiin vihdoin syksyllä 1970. Ideologinen ilmapiiri oli nyt muuttunut, ja keskustelu kaupungintalon saneerauksen kalleudesta kävi kiihkeänä julkisuudessa. Tunnelmaa tiivisti arkkitehtiylioppilaiden M. Sundmanin ja V. Helanderin aiemmin keväällä 1970 julkaistu pamfletti *Kenen Helsinki?* Nuoret suunnittelijat kävivät kovin sanoin Seurahuoneen saneerausperiaatteiden kimppuun; kirjassa kritisoitiin kokonaishankkeen kalleutta ja moitittiin vanhan kulttuurirakennuksen surutonta hävittämistä. Kaupungintalo oli valheellinen: julkisivukulissien takana levisivät uudet betoni- ja lasimaisemat. Arkkitehtien mukaan restauroimalla vanhoja korttelin osia ja liittämällä niihin uusia rakennusosia olisi päästy huomattavasti tyylikkäämpään ja edullisempaan lopputulokseen. Seurahuoneen historiasta tuli vetoapua – jälleen kerran: "Kaupungintalo on jo lähes 200 vuoden ajan voinut tarjota tilaa ylhäisöasunnoille, vankilalle, porvariston juhlasalille, johon aikanaan mahtui kerralla lähes viidesosa koko kaupungin asukkaista, kenraalikuvernöörin edustusasunnolle, talonmiehen asunnolle, poliisikeskukselle, raastuvanoikeudelle. Ei tunnu uskottavalta, että juuri meidän aikamme asettaisi niin täysin eri vaatimukset, että koko kortteli täytyy yhtäkkiä purkaa."[39]

Kaupungintalon suunnittelua ja valmistumista oli seurattu suurella intensiteetillä koko 1960-luku. Jo varhain selvisi, että hankkeesta tulisi Helsingin kaikkien aikojen kallein. Lehdissä uutisoitiin toistuvasti rahaa syövistä suunnitteluratkaisuista ja materiaalivalinnoista.

very much more stylish and less expensive result could have been achieved by restoring the old parts of the block and adding new buildings to them. Inspiration for this could – once again – have been obtained from the history of the Society House itself: "The City Hall has been able to offer facilities for aristocratic housing, a prison, a ballroom for the bourgeoisie capable of accommodating almost a fifth of the population of the whole city at the time, a reception suite for the governor-general, a house for the janitor, a police station and a city court. It is scarcely credible that the demands of our day and age should be so different that the whole block suddenly has to be demolished."[39]

The planning and execution of the city hall project had been followed with interest throughout the 1960s and it had become evident at a fairly early stage that this would be the most expensive single undertaking of the Helsinki City Council to date. The newspapers had repeatedly carried news of the inordinate costs involved in the various plans and choices of materials, and gave the opening ceremony a broad coverage. In the words of *Helsingin Sanomat*, "Over 600 invited guests toured the buildings, admiring their practicalities and the view out over the sea, but lamenting the dreariness of the lobby and the catacomb atmosphere that prevailed in the entrance hall and likening the assembly hall to the

› Hotelli Seurahuoneen juhlasali säilytettiin kaupungintalon 1960-luvun uudelleenrakennustyön yhteydessä, ja sitä käytetään mm. kaupungin vastaanottotilana.

› The ballroom of the Society House Hotel was retained at the time of the rebuilding in the 1960s and is now used for large city receptions etc.

^ Portaat kaupungintalon sisääntuloaulasta juhlasalikerrokseen. Ala-aulassa oleva Kimmo Kaivannon *Ketju* (1971) jatkuu veistoksen ylä- ja alapuolelle sijoitettujen peilien ansiosta äärettömyyksiin.

^ The stairs leading up to the ballroom floor from the entrance hall. Kimmo Kaivanto's *Ketju* (Chain, 1971) in the ground floor lobby stretches away into infinity by virtue of the mirrors placed above and below it.

concourse of a Russian railway station." Murmurs of criticism were certainly to be heard among the visitors, for although the interiors were stylish, light and modern, the generally restrained atmosphere was a disappointment. The politicians responsible for the renovations, headed by Teuvo Aura, who had in the meantime been appointed mayor, were obliged to admit even at the opening ceremony that the council would have to

Avajaiset noteerattiin laajasti pääkaupungin lehdistössä: ”Yli 600 kutsuvierasta kierteli, ihasteli merinäköalaa, käytännöllisyyttä, mutta paheksui aulan kolkkoutta, eteishallin katakombimaisuutta, vertasipa juhlasalia venäläistyyliseen asemahalliinkin”, kuvasi *Helsingin Sanomat* avajaisia. Kritiikkiä ja jupinaa kuului juhlavieraiden joukosta. Vaikka kaupungintalon sisätilat olivat tyylikkäät, valoisat ja modernit, herätti hillitty yleisilme pettymystä. Jo avajaisissa joutuivat saneerauksesta vastanneet poliitikot, kärjessä kaupunginjohtajaksi valittu Teuvo Aura myöntämään, että kaupungilla oli edessään saneerausmetodin uudelleenarvioiminen. Kohun keskiöön joutunut arkkitehti Ruusuvuori arveli, että ”kysymyksessä on halpamainen henkilökohtainen hyökkäys...”.[40]

Ruusuvuoren kaupungintalo eli saneerattu Seurahuone on nähty suomalaisen modernin arkkitehtuurin huipputyönä. Uudisrakennus kuului Suomen ensimmäisiin ”konerakennuksiin”. Sen teknisiä järjestelmiä ohjattiin ajan hengen mukaisesti valvomosta käsin. Uudessa talossa aloitti myös uudistettu kaupunginhallinto; ”tehokas ja taloudellinen toiminta vaatii uudenaikaisen, toimintakykyisen organisaation”, julisti kaupunginjohtaja Aura valtuustossa marraskuussa 1970.

Kaupungintalokorttelin muutostyön toinen vaihe jatkui 1980-luvulla. Se koski korttelin pohjoisosia. Ruusuvuori toimi myös tämän vaiheen suunnittelijana. Suurin uudisosa oli suunnitelmiin jo 1960-luvulla sisältynyt valtuustorakennus, joka nyt toteutettiin korttelin keskelle. Siihen kuuluivat yleisölehterit toisessa kerroksessa ja henkilökuntaravintola katutasossa. Hankkeeseen kuului myös kolmen Aleksanterinkadun puoleisen kivitalon peruskorjaus ja restaurointi. Työt valmistuivat vuonna 1988.

reconsider its renovation methods. The architect Aarno Ruusuvuori, who found himself at the centre of this controversy, was of the opinion that “This is nothing more than a cheap personal attack...”[40]

In spite of everything, Ruusuvuori’s City Hall, the renovated Society House, is looked on as a prime example of modern Finnish architecture, and the new building is regarded as one of the first “machine-controlled” buildings in Finland, as, in the spirit of the age, its technical systems are all managed from a single control room. The building also ushered in a new era in city government. “Efficient and economical action calls for a modern, well-functioning organization,” as the mayor, Teuvo Aura, put it in a speech to the City Council in November 1970.

The second phase in the alterations to the City Hall block continued into the 1980s and affected the northern part. Again Ruusuvuori was the architect. The largest new part was the council chamber building with its first floor public galleries and its ground floor staff restaurant, which had been included in his plans in the 1960s and was now to be implemented in the middle of the block. The project also included the repair and restoration of three stone buildings on the Aleksanterinkatu side. The work was completed in 1988.

This meant that almost 90 years of continuous planning and building in the City Hall quarter had finally come to some kind of end. The circle had been closed, as the starting point for the repairs to be made to the original merchants’ houses had been respect for the buildings themselves and their historical value. The aim had been to preserve these in such a way that features from the past would still be with us. Every effort had been made to preserve the painted ornamentations and

Kaupungintalokortteleiden lähes 90 vuotta jatkunut suunnittelu ja rakentaminen saatiin siten vihdoin erääseen päätökseen. Ympyrä sulkeutui, sillä kauppiastalojen peruskorjauksen lähtökohdaksi otettiin nyt itse rakennus ja sen historialliset arvot. Ne haluttiin säilyttää siten, että menneisyyden kerrostumat olisivat läsnä. Koristemaalauksia ja rakennusyksityiskohtia pyrittiin säilyttämään mahdollisimman hyvin. Hieno empire-sali palautettiin edustus- ja juhlakäyttöön. Pohjakerroksen tiloja ryhdyttiin vuokraamaan kauppiaille; näin alkuperäistoimintoja haluttiin palauttaa rakennusten yhteyteen. Kaupungintalokortteli on tänään kokonaisuus, jonka sydämen muodostaa vanha Seurahuoneen rakennus. Vaikka vanhaa Seurahuonetta ei enää ole alkuperäisessä asussaan, muistuttaa kaupungintalo kokonaisuudessaan paikan historiallisesta merkityksestä helsinkiläiselle poliittiselle elämälle ja Helsingin seuraelämälle.

Vanhaan Seurahuoneeseen eli käytännössä lähes uudelleen rakennettuun Helsingin kaupungintaloon hankittiin 1970-luvulla edustava kokoelma uusinta ja kiinnostavinta suomalaista taidetta.[41] Osa teoksista on Helsingin taidemuseon kokoelmiin kuuluvia maalauksia ja veistoksia, kuten kaupungintalon ala-aulassa oleva valokineettinen sommitelma, Eino Ruutsalon *Valoseinä* (1971). Aulassa sijaitsee myös Arabian tehtaan taideosastolla työskennelleen Rut Brykin erikokoisista kaakelilaatoista sommittelema keramiikkareliefi *Kaupunki auringossa* (1975). Se antaa geometrisen mielikuvan Helsingin kartan topografisista ominaisuuksista. Vaaleaa sommitelmaa rytmittävät muutamat kirkkaat värit, ja teos saa valoisana aikana lämpimät sävyt ylhäältä kattoikkunoista tulevasta luonnonvalosta. Sormiteemoista 1970-luvun alussa kiinnostuneen Kimmo Kaivannon lasikuituveistoksesta *Ketju* (1971) on tullut

details of the buildings as well as possible, and the Empire-style ballroom had been restored so that it could be used for receptions and celebrations. Some of the space on the ground floor was again to be rented out to shopkeepers, which meant that some of the original functions of the block would be restored to it. Thus the City Hall block today forms an entity around the nucleus of the original site of the Society House, and although the old Society House is no longer present in its original guise, the City Hall as a whole reminds us of the historical significance of the place for the social and political life of Helsinki.

A representative selection of the latest and most interesting Finnish works of art was acquired for the virtually rebuilt Helsinki City Hall in the 1970s,[41] including many paintings and sculptures that belong to Helsinki Art Museum, such as Eino Ruutsalo's kinetic composition *Wall of Light* (1971), which is located in the lower lobby. Also in that hallway is a relief in ceramic tiles by Rut Bryk, who was a member of the art department of the Arabia pottery works, entitled *City in the Sun* (1975), which presents a geometrical impression of the topographic features of a map of Helsinki. The pale general tones of the relief are interrupted in a rhythmical manner by a few bright colours, and when viewed in daylight the whole work takes on warm shades from the natural light entering the room from above. One work that is especially seen as giving expression to the

› Juhana Blomstedtin teos *Puinen meri* (1988) kaupunginvaltuuston istuntosalin seinällä.

› Juhana Blomstedt's work *Puinen Meri* (Wooden Sea, 1988) on the wall of the City Council chamber.

‹ Kaupungintalon Katariinan kabinetti on juhlasalin yhteydessä oleva Seurahuone-ajan tila. Kerrotaan, että kabinetissa olisi vuonna 1906 päätetty perustaa AB Grankulla -niminen yhtiö, josta sai alkunsa nykyinen Kauniaisten kaupunki.

‹ The Katariina Room, adjoining the ballroom, was also preserved from the Society House days. It is said that a meeting was held in this room in 1906 to found a company by the name of AB Grankulla, forerunner of the present-day city of Kauniainen (Grankulla).

kaupungintalon henkeä ilmaiseva taideteos. Työssä suljetut sormirenkaat muodostavat jatkumon. Se on vahvasti vertikaalinen teos, joka jatkuu teoksen ylä- ja alapuolelle sijoitettujen peilien ansiosta äärettömyyksiin. Taiteilijan mukaan teos kuvaa yhteisyyttä ja ihmisten riippuvaisuutta toisistaan. Työ on omistettu Euroopan kansojen ystävyydelle.

Toisessa kerroksessa sijaitsevat kaupungin tärkeimmät edustus- ja vastaanottotilat sekä kaupunginjohtajiston työhuoneet. Kaupunki tilasi Sibelius-monumentin luojalta, professori Eila Hiltuselta veistosryhmän kaupungintaloon. Hiltusen *Ihmisiä aikojen saatossa* (1969–1971) hallitsee kaupungintalon toisen kerroksen aulaa. Teoksen kahdeksan kasvotonta hahmoa ovat materiaaliltaan messinkiä, kuparia ja terästä. Työ koostuu lukuisista erimuotoisista paloista, jotka on hitsattu yhteen yksitellen ja harkiten. Avoseinän takana, kaupunginjohtajan vastaanottohuoneessa, vastapäätä Eteläsatamaan avautuvaa parvekeseinää sijaitsee Oscar Kleinehin suuri maalaus *Helsinki* (1877). Kaupunki hankki maalauksen omistukseensa vuonna 1929 Oopperakellarin johtajalta, helsinkiläiseltä ravintoloitsija K. E. Jonssonilta. Kleinehin työ voidaan nähdä merestä nousevan pääkaupungin edustusmuotokuvana. Sommittelun linjat ohjaavat katseen auringossa hohtavaan kaupungin silhuettiin, jota dominoivat kaksi pääkirkkoa ja Seurahuoneen rakennus. Maalauksen eteen sijoitettiin Uhra-Beata Simberg-Ehrströmin suuri, vihersävyinen ryijy *Metsä*, joka sai runsaasti huomiota Montrealin maailmannäyttelyssä Kanadassa 1967.

spirit of the City Hall is the fibreglass sculpture *Chain* (1971) by Kimmo Kaivanto, who became interested in finger themes in the early 1970s. Here the fingers are closed to make rings that are seen as the links in a chain. It is a pronouncedly vertical work that seems to stretch away into infinity as a result of mirrors placed above and below it. The artist maintains that the work symbolizes communality and the dependence of human beings on each other and has dedicated it to friendship between the peoples of Europe.

For the first floor, which contains the main reception rooms and the offices of the mayor and his deputies, the council commissioned a group of sculptures by Professor Eila Hiltunen, creator of the Sibelius Monument. Her *People in the Course of Time* (1969–1971), which dominates the first floor lobby, depicts eight faceless figures in bronze, copper and steel. The work is composed of numerous pieces that have been welded together individually and with a great deal of thought. Behind an open wall, on the wall opposite the balcony that opens out onto the South Harbour in the room where the mayor receives visitors, is a large painting by Oscar Kleineh, *Helsinki* (1877), which the City Council bought in 1929 from the Helsinki restaurateur K. E. Jonsson, who ran the *Opera Cellar* restaurant. The lines of this formal portrait of the capital city rising up out of the sea direct the onlooker's gaze towards a silhouette of the city, dominated by its two main churches and the building of the Society House and glowing in the sun. In front of the painting is the large greenish-toned *rya* wall hanging *Forest* by Uhra-Beata Simberg-Ehrström which created such a stir at the World Exhibition in Montreal in 1967.

Helsingin kaupungintalo edustustilana ja kaupunginjohtajat isäntinä

The City Hall as a venue for receptions and the Mayors as hosts

KAUPUNGINTALON SEINILLÄ on esillä huomattava suomalainen muotokuvakokoelma Helsingin hallinnon ja poliittisen luottamusmiesjohdon kärkihenkilöistä. Kaupungintaloissa korkeinta virkamiesvaltaa käyttävät kaupunginjohtajat, jotka samalla edustavat kaupunkia ja isännöivät kaupungintaloa. Kaupunginjohtajat ovat valtuuston valitsemia virkamiehiä, jotka eivät voi olla virkaa hoitaessaan valtuuston jäsenenä. Tehtävät Helsingissä jaettiin jo 1920-luvulla hallintoaloittain siten, että apulaiskaupunginjohtajat toimivat rahatoimenjohtajana, kiinteistöjohtajana, teknillisenä johtajana ja sosiaali- ja opetusasiainjohtajana. Virat täytettiin valtuustoryhmien keskinäisissä neuvotteluissa saavutetun yksimielisyyden merkeissä. Viranhaltijalta edellytettiin helsinkiläisen kunnallispolitiikan tuntemusta ja kokemusta. Kaupunginjohtaja oli sekä kaupunginhallituksen puheenjohtaja että johtava virkamies.[42]

Helsinkiläisiä kaupunginjohtajia ovat yhdistäneet eräät seikat. Akateeminen koulutus on kuulunut asiaan. Ensimmäinen kaupunginjohtaja tuli yliopistomaailman huipulta. Tammikuun 1. päivänä vuonna 1931 virkaan

A FAIR-SIZED PORTRAIT gallery of outstanding Helsinki administrators and political figures is to be found on the walls of the City Hall. Ultimate executive power in a city administration naturally rests with the mayor and his deputies, who, as officials chosen by the city council, and in spite of no longer being eligible to sit on the council during their term of office, act both as representatives of the city and as masters of the city hall itself. In the case of Helsinki responsibilities were divided among these officials from the 1920s onwards in such a way that the deputy mayors acted as heads of the City Exchequer, the Properties Department, the Technical Department and the Department of Education and Social Welfare, while the mayor himself was the city's chief executive and chairman of the City

› Helsinki-päivän eli Helsingin syntymäpäivän juhlavastaanotto kaupungintalon juhlasalissa 12. kesäkuuta 2008.

› A reception to mark Helsinki Day, the anniversary of the founding of the city, in the ballroom of the City Hall.

Helsingin ensimmäinen ylipormestarin arvon saanut kaupunginjohtaja Antti Tulenheimo (kaupunginjohtajana 1931–1944). Tulenheimo toimi monipuolisen uransa aikana mm. pääministerinä (1925) ja Helsingin yliopiston kanslerina (1944–1952). Verner Thomén maalaus vuodelta 1944 kaupungintalon kolmannen kerroksen aulassa. Maalaus kuuluu kaupungintalon huomattavaan muotokuvakokoelmaan.

The first modern mayor was Antti Tulenheimo, who held that post in 1931–1944. In the course of his illustrious career he was prime minister on one occasion, in 1925, and chancellor of the University of Helsinki in 1944–1952. This portrait painted by Verner Thomé in 1944 forms part of the substantial collection to be found in the City Hall and hangs in the second floor lobby.

Board. These positions were filled by mutual agreement reached in negotiations between the political groupings within the council, candidates being required to have prior knowledge and experience of local government in Helsinki.[42]

The mayors of Helsinki over the years have had certain characteristics in common, one of which has been an academic education. The first model for this came from the very top stratum of the university world, when Professor Antti Tulenheimo (Cons.), a notable university figure, barrister and specialist in criminal law who had been a Member of Parliament, Prime Minister in 1925 and Deputy Speaker in 1930 and 1931, became Mayor of Helsinki on 1st January 1931, having previously been chairman of the City Council. This then remained the custom in Helsinki until the 1970s, and most of the mayors from Tulenheimo onwards have had a combination of experience at the local, national and state level, in Parliament, as a member of the Council of State, in party politics, in the civil service, in business or industry, in non-governmental organizations or in the university world. Many have also distinguished themselves as writers, newspaper correspondents or researchers. Impartiality and moderation have been particularly advantageous qualities, however, so that Tulenheimo's successor in 1944, the lawyer Eero Rydman (Prog.) was described at the time as "descended from an honest, civilized family". Born in Turku, Rydman had taken his first steps in local government as secretary to Turku City Council in 1917–1918, after which he had made a career for himself in the Civil Defence administration and had become the first Director-General of the National Pensions Institution. He was a member of the Progressive Party and had twice been elected to astunut professori, tohtori Antti Tulenheimo (kok.) oli tunnettu yliopistomies, rikosoikeuden asiantuntija ja varatuomari. Hän oli toiminut eduskunnan jäsenenä, varapuhemiehenä 1930 ja 1931 ja pääministerinä vuonna 1925. Tulenheimo valittiin kaupunginjohtajaksi valtuuston puheenjohtajan paikalta. Tapa säilyi sittemmin Helsingissä aina 1970-luvulle saakka.

Tulenheimon jälkeen tulleissa kaupunginjohtajissa on yleensä yhdistynyt paikallinen, kansallinen ja valtiollinen taso, toiminta eduskunnassa, valtioneuvoston jäsenenä, puolueissa, valtionhallinnossa, yritySelämässä, kansalaisjärjestöissä tai yliopistomaailmassa. Monilla oli takanaan runsas kirjallinen tuotanto joko sanomalehdissä, tutkijana tai kirjailijoina. Tasapuolisuus ja maltillisuus ovat olleet piirteitä, jotka ovat edesauttaneet tehtävän hyvää hoitoa. Näin oli Tulenheimon seuraajassa, vuonna 1944 kaupunginjohtajaksi valitussa varatuomari Eero Rydmanissa (ed.p.), "rehdin sivistyssuvun jälkeläisessä". Turussa syntynyt Rydman otti ensimmäiset askeleensa kunnallishallinnossa Turun valtuuston sihteerinä 1917–1918. Hän loi uran suojeluskuntahallinnossa 1920-luvulla ja toimi Kansaneläkelaitoksen ensimmäisenä pääjohtajana. Edistyspuolueen jäsen ja kansanedustajana kahteen otteeseen toiminut Rydman oli kaupunginvaltuuston puheenjohtaja vuosina 1937–1944, joihin kuului myös raskas sota-aika. Kultivoitunutta ja herrasmiesmäistä Rydmania luonnehdittiin isänmaalliseksi, diplomaattiseksi, sosiaaliseksi ja hyväksi hallintomieheksi. Hänellä oli "yhteistyöhön altis mieli" ja voimakas vanhan sukupolven kunniantunto, pyrkimys rehellisyyteen ja totuudellisuuteen.

Pyhäjärvellä syntyneen Lauri Ahon (kok.) valinta Helsingin kaupunginjohtajaksi 1956 tapahtui sopuisasti. Sosialidemokraattien ja kokoomuksen keskinäisissä

Parliament, and in addition had been chairman of Helsinki City Council in 1937–1944, which included the tumultuous war years. The cultivated and gentlemanly Rydman was described by contemporaries as patriotic, diplomatic, sociable and a good administrator. He "was of a cooperative mind", had a profound respect for the older generation and strove for honesty and truthfulness in all things.

The selection of Lauri Aho (Cons.), a native of Pyhäjärvi, as Mayor of Helsinki in 1956 proceeded peaceably as a result of prior negotiations between the Social Democrats and the conservative Coalition Party in which it was decided to nominate him for the position as he was one of the leading names in the latter party at the time and editor-in-chief of the newspaper *Uusi Suomi*. Aho, who had a master's degree, had had many years of experience in book publishing and had been a member of Helsinki City Council since 1946, chairman of its Music Committee and council chairman since 1953. He was appreciated for his "natural, straightforward approach to other people, his ability to delve into all manner of issues and his skill in identifying what was most essential."

When a new mayor was to be chosen in spring 1968, however, the process proved a somewhat more controversial one. The eventual appointee, Teuvo Aura (Lib.), managing director of the Post Office Savings Bank and holder of a licentiate's degree in law, had had a long and politically highly successful career as a city councillor and as the council's chairman. His appointment serves as a good example of how a member of a small party could manage to rise to a high position in the city's administration at that time. Aura had never been in parliament, but he had earlier been an influential neuvotteluissa virkaan päädyttiin suosittelemaan *Uuden Suomen* päätoimittajaa, maisteri Lauri Ahoa, joka oli kokoomuksen kärkinimiä. Kirjankustannusalalla pitkään toiminut Aho oli ollut kaupunginvaltuuston jäsen vuodesta 1946 lähtien, musiikkilautakunnan puheenjohtaja ja valtuuston puheenjohtaja vuodesta 1953 lähtien. Kulttuurisesti suuntautuneen Ahon ominaisuuksia oli "luonteva, mutkaton suhtautuminen ihmisiin, kyky perehtyä mitä erilaisimpiin asioihin ja taito iskeä olennaiseen."

Uusi kaupunginjohtaja valittiin keväällä 1968 jossain määrin riitaisen valintaprosessin jälkeen. Kaupungin uuden edusmiehen, Postisäästöpankin pääjohtajan ja lakitieteen lisensiaatin Teuvo Auran (lib.) pitkäaikainen ura valtuutettuna ja kaupunginvaltuuston puheenjohtajana oli poliittisesti menestyksekäs. Se kertoo, miten pienestä puolueesta tullut saattoi nousta suuren kaupungin johtoasemiin. Aura ei ollut kansanedustaja, mutta alkujaan keskeinen vaikuttaja Kansallisessa edistyspuolueessa. Hän toimi sen perillisen, Vapaamielisten Liiton puheenjohtajana ja nousi vuonna 1966 uuden puolueen eli Liberaalisen Kansanpuolueen johtotehtäviin. Hän oli viisinkertainen ministeri Kekkosen, Sukselaisen ja Tuomiojan hallituksissa sekä talousneuvoston puheenjohtaja vuodesta 1946 lähtien. Helsinki oli Auran kohtalo, sillä hän aloitti virkauransa kaupungin kansanhuoltolautakunnan sihteerinä ja päätti sen kaupunginjohtajana.

Vuoden 1977 kunnallislaki lujitti luottamusmiesten asemaa. Kaupunginjohtajat eivät enää saaneet olla äänioikeutettuina jäseninä kaupunginhallituksessa eivätkä siellä johtaa puhetta. Pankinjohtaja ja valtiotieteen tohtori Raimo Ilaskivi (kok.) valittiin kaupunginjohtajaksi vuonna 1979 kovan poliittisen väännön jälkeen. Ilaskiven seuraajaksi nousi vuonna 1991 diplomi-insinööri

figure in the Progressive Party, chairman of its successor, the Liberal Alliance, and subsequently one of the leaders of the newly founded Liberal Party from 1966 onwards. He had five times been a cabinet minister, in governments led by Urho Kekkonen, V. J. Sukselainen and Sakari Tuomioja, and had been chairman of the National Economic Council since 1946. Helsinki was part of Teuvo Aura's destiny, as he began his local government career as secretary to the city's Social Services Committee and ended it as mayor.

The Local Government Law of 1977 strengthened the position of the elected councillors to the extent that the mayors were no longer allowed to be voting members of the City Board or to act as chairman of that board. It was only after much political wrangling that the bank manager and Doctor of Social Sciences Raimo Ilaskivi (Cons.) was elected mayor in 1979. He was succeeded in 1991 by an engineer and veteran of local government politics Kari Rahkamo (Cons.), in 1996 by Eva-Riitta Siitonen (Cons.), Bachelor of Science in Economics, and Jussi Pajunen (Cons.), Master of Science in Economics, MBA, appointed in 2005.

Mayors are chosen very much on the strength of their personal characteristics, and in the case of Helsinki they have been men and women taken from the top ranks of national and local government in order to act as the fathers and mothers of the nation's capital. The traditions of local politics in Helsinki have demonstrated that it is people with a known capacity for cooperation and listening to others who fare best in this position. The qualifications for the post have always included a good knowledge of the city's affairs and experience of its local life and politics. The mayor is the city's principal representative in dealings with other

‹ Osa Eila Hiltusen veistosryhmästä *Ihmisiä aikojen saatossa* (1969–1971) kaupungintalon toisen kerroksen aulassa.

‹ A detail from Eila Hiltunen's group of sculptures *People in the Course of Time* (1969–1971) stands in the first floor lobby.

Kari Rahkamo (kok.), kunnallispolitiikan kokenut veteraani. Seuraajat tulivat myös kokoomuksesta. Vuonna 1996 virkaan valittiin ekonomi Eva-Riitta Siitonen ja vuonna 2005 kauppatieteiden maisteri, MBA, Jussi Pajunen.

Kaupunginjohtaja on henkilö, jonka valinnassa korostuvat henkilökohtaiset ominaisuudet. Helsingin kaupunginjohtajat ovat olleet miehiä ja naisia kansakunnan kaapin päältä. He ovat pääkaupungin isiä ja äitejä, kaupunkielämän symboleita kotimaassa ja maailmalla. Helsingin kunnallispolitiikan perinne on osoittanut, että

local authorities, the state and civil society in general, and the City Hall is the principal environment in which the mayor operates.

The City Hall block has been the central arena for the formal life of Helsinki ever since the 1810s. Originally all the great public festivities, dinners and balls were held on the upper floor of the old Town Hall, where there were also billiard rooms. The Society House then raised the quality of the city's receptions and celebrations to new heights, and this continued after the transfer of its ownership to the City Council in

^ Kaupunginjohtajan vastaanottohuoneeseen vastapäätä merelle avautuvaa ikkunaseinää sijoitettu Oscar Kleinehin *Helsinki* (1877) on pääkaupungin edustusmuotokuva.

^ Oscar Kleineh's painting *Helsinki* (1877), on the wall in the mayor's reception room opposite the windows facing towards the sea, may be regarded as the official portrait of Finland's capital.

parhaiten pärjäävät henkilöt, joilla on tunnettu kyky yhteistyöhön ja kuuntelemiseen. Pääkaupungin ykkösvirkamieheltä on edellytetty oman kaupungin asioiden tuntemusta ja kunnalliselämän ja -politiikan kokemusta. Hän on kaupungin edustaja suhteessa muihin kaupunkeihin, valtiovaltaan ja kansalaisyhteiskuntaan. Kaupungintalo on kaupunginjohtajan keskeisin toimintaympäristö.

Kaupungintalokortteli on ollut Helsingin edustuselämän tärkein näyttämö jo 1810-luvulta lähtien. Alkujaan kaikki suuret tanssiaiset, illalliset ja julkiset juhlat pidettiin raatihuoneen yläkerrassa, jossa oli tilat myös biljardinpeluuseen. Seurahuoneen aika nosti edustamisen ja juhlinnan uudelle tasolle. Kun Seurahuone siirtyi Helsingille vuonna 1913, jatkui tilojen käyttö edustukseen. Juhlien järjestämisen puitteet paranivat 1930-luvulla Seurahuoneen korjauksen jälkeen. Kaupunginhallitus alkoi varata edustamiseen erillisen määrärahan. Tavaksi vakiintui avata kaupungintalon eli entisen Seurahuoneen tiloja Helsinkiin saapuville kokous-, kongressi- ja konferenssivieraille. Kaupunki osoitti vieraanvaraisuutta järjestämällä vastaanottoja ja iltatilaisuuksia. Erityisen suosittuja 1930-luvulla olivat teekutsut. Esimerkiksi vuonna 1937 vieraanvaraisuutta osoitettiin Virosta saapuville kunnallismiehille, Oslon kaupunkikunnan raatimiehelle, Pohjoismaiden hallinnollisen liiton jäsenvaltioiden työvaliokunnan jäsenille, eräille saksalaisille hallintovirkamiehille, pohjoismaisen sosiaalipoliittisen kongressin osallistujille, englantilaiselle rakennusmiesten retkikunnalle, Suomen Ylioppilaskuntien Liiton vieraiksi saapuneiden saksalaisten ylioppilasjärjestöjen edustajille, IX Eestin ja Suomen ylioppilaspäivien osanottajille ja pohjoismaisen rauhankongressin osanottajille.[43]

1913. Facilities were greatly improved as a result of the renovations carried out in the 1930s, and it was at that point that the City Council began to set money aside for representative functions. It also became common for the City Hall to be made available for the holding of international conferences and other meetings in Helsinki, and the City Council would also demonstrate its hospitality by arranging receptions and evening functions. Particularly popular among these in the 1930s were its invitations to tea, for which numerous requests were made. Thus in 1937 alone hospitality was provided for local government officials from Estonia, members of Oslo City Council, the working committee of the member states of the Nordic Administrative Union, a building trade delegation from Britain, representatives of German student organizations visiting the Finnish Association of Student Unions, participants in the IXth Meeting of Estonian and Finnish Students and delegates to the Nordic Peace Congress.[43]

The current forms of hospitality shown by Helsinki City Council developed during the late 1930s, when, as noted in the annual report for 1938, "there was a vast increase in the number of receptions". The highlight of that year was the meeting of representatives of towns and cities in Finland held in Helsinki. The city also possessed the country's largest universities and colleges, of course, so that it was frequently acting as host to participants in scientific conferences, in addition to which many local government officials, other civil servants and municipal employees from home and abroad, representatives of societies and institutions and crews of visiting naval vessels enjoyed its hospitality. Similarly Helsinki became the main venue for state visits to the newly independent country of Finland in

Kaupungin edustamisen nykyaikaiset muodot kehittyivät 1930-luvun jälkipuolella. Kuten kunnalliskertomuksessa todettiin vuonna 1938, ”vastaanottojen määrä oli rajussa kasvussa”. Vuosi huipentui Helsingin isännöimiin kotimaisiin kaupunkipäiviin. Helsingissä olivat maan tärkeimmät korkeakoulut ja yliopisto; Suomen pääkaupunki otti tavaksi kestitä lukuisia tieteellisiä kongressivieraita. Tiedemiesten ja -naisten ohella kaupungin tarjoiluista nauttivat useat koti- ja ulkomaiset kunnallisten ja muiden alojen virkamiehet ja kunnan työntekijät, eri liittojen ja yhdistysten edustajat sekä laivastovierailujen miehistöt. Kun valtiovierailut alkoivat 1920-luvulla itsenäisessä Suomessa, oli Helsinki niiden keskeinen näyttämö. Tavaksi tuli, että kaupunginvaltuuston puheenjohtaja ja kaupunginjohtaja olivat korkeita vieraita vastassa. Vierailuihin liittyi kaupungintalossa järjestetty tilaisuus. Muodot jalostuivat vuoden 1945 jälkeen. Ruotsin kuningasparin, kuningas Kustaa VI Aadolfin ja kuningatar Louisen, vierailun yhteydessä toukokuussa 1952 kaupungintalossa järjestettiin juhlatanssiaiset kuninkaallisen laivueen päällystölle ja muille kutsuvieraille. Islannin presidentin Asgeir Asgeirssonin ja hänen puolisonsa kunniaksi järjestettiin keväällä 1954 vastaanotto kaupungintalossa.[44]

Vieraanvaraisuuden eri muotojen kehittyminen II maailmansodan jälkeen liittyi kaupunkitoimintojen kansainvälistymiseen. Jo vuonna 1945 kaupunki järjesti vastaanoton Neuvostoliiton kulttuuridelegaatiolle ja Puna-armeijan kuorolle. Helsingin ja Moskovan suhteet vakinaistettiin vuonna 1954. Ensimmäinen moskovalaisdelegaatio kaupungintalolle saapui vuonna 1959. Kesällä 1948 Pohjoismainen kunnalliskonferenssi kokoontui Suomessa; kutsuja lähetettiin Skandinavian pääkaupunkien ja eri Pohjoismaiden kaupunkiliittojen

the 1920s, and it was the custom for these visits to include a function arranged in the City Hall and for the mayor and the chairman of the City Council to hold a reception there for the distinguished visitors. The formalities then became more expansive after 1945, so that on the occasion of the visit of King Gustav VI Adolf and Queen Louise of Sweden in May 1952 a celebration ball was held in the City Hall for the crew of the Royal Fleet and other invited guests. In the same way a reception was arranged at the City Hall in honour of President Asgeir Asgeirsson of Iceland and his wife in spring 1954.[44]

The development of various forms of hospitality during the years following the Second World War was part of the more international approach adopted by the City Council, which was in evidence as early as 1945, when a reception was held for a Soviet cultural delegation and the Red Army Choir. Formal relations were established with the city of Moscow in 1954, and the first delegation from there arrived in Helsinki in 1959. Meanwhile, a Nordic local government conference was held in Finland in summer 1948 and invitations were sent out to all the Scandinavian capitals and representatives of municipal associations in the Nordic countries. Helsinki also had the opportunity to offer hospitality to guests of the Finnish Parliament and people from abroad visiting government ministries and various state organizations. The majority of these visitors came from the Nordic region, and there were particularly lively connections with Stockholm, Oslo and Copenhagen. The 400th Anniversary of the founding of Helsinki in summer 1950 involved the arranging of huge receptions in the City Hall, and the Olympic Games of 1952 were also a great success as far as Helsinki was concerned, edustajille. Helsinki kestitsi eduskunnan vieraita ja ministeriöiden sekä valtion eri tahojen kutsumia kansainvälisiä vieraita. Valtaosa tulijoista saapui muista Pohjoismaista; yhteydet olivat vilkkaat erityisesti Tukholmaan, Osloon ja Kööpenhaminaan. Helsingin kaupungin 400-vuotisjuhlien aikana kesällä 1950 kaupungintalossa järjestettiin suuria vastaanottoja. Myös olympialaiset olivat Helsingille menestys. Monia vastaanottoja ja juhlatilaisuuksia järjestettiin elokuussa 1952 kaupungintalolla.

Olympialaisten jälkeen länsieurooppalaisten vieraiden määrä nousi. Korkeita vieraita saapui enemmän presidentti Kekkosen aikana osoituksena Suomen valtiollisen aseman vakiintumisesta. Pohjoismaisten päämiesten ohella kyläilijöiden joukko laajeni Neuvostoliiton ja Yhdysvaltojen johtomiehillä. Kaupunki osoitti vieraanvaraisuutta sekä vastaanotoin että lounas- ja illallistilaisuuksien muodossa. Esimerkiksi heinäkuussa 1961 Norjan kuningas Olavin kunniaksi järjestettiin kaupungintalolla paljon huomiota saanut juhlava vastaanotto viisisataapäiselle kutsuvierasjoukolle. Korkea vieras isäntineen istui erikseen kunniapöydässä. Neuvostoliiton korkeimman neuvoston puheenjohtajiston puheenjohtajan, L. I. Brežnevin kunniaksi Helsinki järjesti saman vuoden syyskuussa lounaan, jonne vieras toi erikseen terveisensä Moskovan kaupungin johdolta. Valtiovierailuiden moderni kaava asettui uomiinsa Kekkosen ensimmäisen kauden aikana 1950- ja 1960-lukujen taitteessa. Symbolisesti Helsingin kaupungintalosta tuli vierailuiden keskeinen tapahtumapaikka, jota kaupunginjohtajat isännöivät. Kekkosen ajan valtiovierailut olivat usean päivän, jopa viikon mittaisia, ja ne saivat median ja pääkaupunkilaiset liikkeelle.

with numerous receptions and celebrations held in the City Hall during the month of August.

The numbers of visitors from Western Europe increased after the Olympics, and visits from foreign dignitaries became more numerous as Finland gained a more established constitutional status during the presidency of Urho Kekkonen. Now political leaders from the Soviet Union and the USA began to appear alongside the Nordic heads of state, and the City Council would arrange receptions, luncheons or dinners in their honour. A much vaunted reception was held at the City Hall in July 1961, for instance, for King Olaf of Norway, to which some 500 guests were invited, although the distinguished visitor and his hosts were seated at a separate high table. In the September of the same year a luncheon was arranged in honour of Leonid Brezhnev, chairman of the Praesidium of the Soviet Union, who brought his hosts particular greetings from the leadership of the city of Moscow. The modern protocol for state visits established itself during Kekkonen's first term as president, i.e. around 1960, and Helsinki City Hall took on a symbolic role as the main venue to which the city administrators were able to invite the visitors. These state visits during Kekkonen's presidency often lasted for the best part of a week and were a major attraction for the media and the people of Helsinki.

The golden age as far as hospitality was concerned came in the 1960s, when the numbers of visitors from abroad and the amounts of money spent on entertaining them increased considerably. In addition to delegations from Stockholm, Oslo, Copenhagen and Moscow and deputations from other cities, visitors attending trade fairs and cultural events, youth committees, conference

Helsingin edustamisen kultainen vuosikymmen sijoittui 1960-luvulle. Kansainvälisten vieraiden määrä ja edustukseen käytetyt varat kasvoivat huomattavasti jo edellisen vuosikymmenen lopulla. Tukholman, Oslon, Kööpenhaminan ja Moskovan delegaattien ja muiden kaupunkien valtuuskuntien, messu- ja kulttuurivieraiden, nuorisokomiteoiden, konferenssiosallistujien, valtiovieraiden ja parlamenttiryhmien rinnalle kaupunki sai omia vieraita muualta Euroopasta sekä Atlantin ja Välimeren toiselta puolelta. Lontoon Lord Mayor oli nauttinut Helsingin kestityksestä vuonna 1957, ja pian alkoi Helsinkiin saapua muiden läntisten pää- ja suurkaupunkien edustajia. Ensimmäiset Euroopan ulkopuolelta saapuneet valtionpäämiehet olivat Nepalin kuningas puolisoineen (1958) ja Tanganjikan (nyk. Tansania) presidentti (1963). Ensimmäinen kotiseututapahtuma, Helsinki-päivä (12.6.), vietettiin vuonna 1959. Poliisien torvisoittokunta avasi Helsinki-päivän kaupungintalon parvekkeelta. Pian kaupungintalosta tuli Helsinki-päivän vieton keskeinen tapahtuma- ja vastaanottotila. Siellä alettiin järjestää muun muassa Helsinki-mitalien jakotilaisuus.

Kansainvälistymisen viimeisin huippukausi sijoittui 1980- ja 1990-luvun taitteeseen. Monikulttuurisuuden haaste ajankohtaistui Suomessa pitkälti Helsingin kokemuksen kautta. Kansainvälisyys nähtiin kaupungintalossa selkeästi periaatteena, jonka varassa Helsingin tulevaisuutta asemoitiin. Tulevaisuusstrategioissa Suomen pääkaupunki nostettiin erääksi johtavaksi Pohjois-Euroopan tiede- ja tietokeskukseksi. Metropolialue nähtiin luovana tieto-, teknologia- ja kulttuurikeskuksena, Pohjois-Euroopan liiketoiminnan ja logistiikan ydinalueena. Helsinki haki ja sai aseman eurooppalaisena kulttuuripääkaupunkina vuonna 2000. Kansain-

participants, heads of state and parliamentary groups, the city also received visitors of its own from elsewhere in Europe and from across the Atlantic Ocean or the Mediterranean Sea. The first heads of state from outside Europe were the King and Queen of Nepal in 1958 and the President of Tanganyika (nowadays Tanzania) in 1963. The Lord Mayor of London had already enjoyed the hospitality of the city of Helsinki in 1957, and it was not long before representatives of other Western capitals and major cities began to arrive. The first local heritage event, Helsinki Day, took place on 12th June 1959, and was opened by the Police Brass Band playing on the balcony of the City Hall. In fact this building soon became a major scene for events and receptions in connections with the annual Helsinki Days, including the traditional awarding of Helsinki Medals.

The most recent peak in international activity came in the late 1980s and early 1990s and was marked by the emergence of multiculturalism as a new challenge for municipal authorities in Finland, the response to which was very much determined by the experiences of Helsinki. The opinion that prevailed in the City Hall was that the international dimension was the principle on which the future of the city should rest. The strategy for the future should be one of projecting the Finnish capital as a leading centre for information, technology and culture in Northern Europe and a core area for the region's business and logistics. Helsinki sought recognition as the cultural capital of Europe in 2000, and succeeded in gaining this status. This new international visibility naturally called for networking, travelling and interaction on the part of the incumbents of the City Hall, and the building itself gained increased välistyminen edellytti verkottumista, matkustelua ja vuorovaikutusta. Kaupungintalosta kasvoi 2000-luvulle tultaessa keskeinen itämerellinen, kansainvälisten kohtaamisten ja edustamisen näyttämö, joka kiinnosti myös valtameren takaa saapuvia vieraita.

prominence in the early years of the new millennium as a major Baltic and international venue for meetings and representation, and as such it became a focus of interest for transatlantic visitors as well.

Kaupungintalo kunnallispolitiikan näyttämönä

The City Hall as an arena for local politics

KAUPUNGINTALOKORTTELIIN liittyy Helsingin kunnallispolitiikan tradition muodostuminen ja vakiintuminen. Vanha Seurahuone ja uusi kaupungintalokortteli on 1930-luvulta lähtien ollut keskeinen kunnallispolitiikan näyttämö, lukuun ottamatta vuosia 1965–1985. Tuolloin valtuusto kokoontui Valkoisessa Salissa Aleksanterinkadun varrella. Jo ensimmäisissä yleisissä ja yhtäläisissä kunnallisvaaleissa joulukuussa 1918 lyötiin lukkoon helsinkiläisen kunnallispolitiikan perusasetelmat. Vaaleja leimasi vahva yleispoliittisuus, vaikka lopulta porvarilliset ryhmät voittivat. Niiden yhteinen osuus äänistä oli reilusti yli 50 prosenttia. Neljä puruspuoluetta, kokoomus, edistyspuolue, RKP ja SDP, nousivat helsinkiläisen kunnallispolitiikan vahvoiksi pelaajiksi. Tämä asetelma on muutamin muutoksin voimissaan edelleen 2000-luvulla.

Helsingin kunnallispolitiikan peruspiirteisiin on kuulunut jatkuvuus ja yhteistyön hyvä henki. Vuoden 1945 jälkeen porvaripuolueilla on ollut Helsingissä enemmistö. Tästä maaperästä kasvoi esiin sosialidemokraattien ja kahden suurimman porvaripuolueen eli ruotsalaisten ja kokoomuksen yhteistyölinja eli ”kunnallisklubi”. Klubin ydinryhmä muodostui kokoomuksen, sitä lähellä olevan vapaamielisten liiton, ruotsalaisten ja SDP:n vahvoista poliittisista johtajista. Sen vaikutus jatkui pääkaupungin

THE CITY HALL BLOCK has had its own part to play in the formation and establishment of Helsinki's local government traditions, and the Old Society House and new City Hall complex have provided the main arena for local government politics from the 1930s up to the present day, with the exception of the years 1965–1985, when the City Council met in the White Hall on Aleksanterinkatu. The basic outlines of local politics were laid down in the first municipal elections to be held on the principle of universal suffrage, in 1918, the results of which pointed to a wide political spectrum with the non-socialist parties achieving well over 50% of the votes. The principal actors proved to be the Conservative Party, Progressive Party, Swedish People's Party and Social Democrats, and this pattern has persisted into the 21st century with only a few changes.

Continuity has thus been one of the hallmarks of political life in Helsinki, together with an excellent spirit of collaboration. The non-socialists have been in the majority continuously since 1945, when this situation gave rise to the collaboration axis that came to be known as the “municipal club”, in which a consensus was achieved between the powerful leaders of the Conservative Party, the liberals who were closely aligned with it, the Swedish Party and the SDP. This grouping kunnallispolitiikassa aina 1970-luvulle saakka. Pääkaupungin suuruus ja asioiden monimuotoisuus edellyttivät, että luottamusmiesten välit toimivat. Korkeat virat täytetään edelleenkin valtuustoryhmien keskinäisissä neuvotteluissa saavuttaman yksimielisyyden pohjalta. Poliittisten neuvottelujen tapahtumatiloina kaupungintalon valtuustosali ja siihen liittyneet kahvilat ja ravintolat, uudet ja vanhat kabinetit sekä myöhemmät ryhmähuoneet ovat olleet keskeisiä.

Yhteistyötä tarvittiin kun Helsinkiä kehitettiin ja kaupunkitoimintoja modernisoitiin. 1960-luvulla paikallisasiat kiinnostivat helsinkiläisiä, sillä äänestysprosentti pysyi korkeana. Kunta alettiin mieltää yhä selvemmin palveluorganisaatioksi, jota tuli suunnitella hyvin ja ennakoivasti. Kaupunkisuunnitteluvirasto perustettiin

continued to influence the political life of the capital until well into the 1970s, since the sheer size of the city and the complexity of the issues to be resolved called for good relations between the members of the council. It is still the case, in fact, that appointments to the highest positions in the city's administration are decided upon in consultations between the principal political groups, and that these consultations take place in the council chamber and adjoining cafés and restaurants, the old and new meeting rooms and the rooms created later for the political party groups, all situated in the City Hall.

Collaboration and consultations were needed in abundance when the city of Helsinki was being developed and its functions modernized, and local citizens also showed a considerable interest in public affairs,

vuonna 1964. Samana vuonna kaupungintalossa siirryttiin pitkän tähtäyksen taloussuunnitteluun. Uusia virkamiehiä saatiin kaupungintaloon, kun kaupunginkanslia laajeni. Oma kunnallinen tiedotus- ja matkailutoiminta alkoi, ja metro- ja keskustasuunnitelmat valmistuivat.

Traditionaalisten toimintamuotojen ja modernien tarpeiden välinen jännite sähköisti yhteiskunnan kaikkia tasoja 1960-luvun lopulla. Paineet tehokkuuden lisäämiseen tuntuivat kaupungintalossa. Vaikka suuret hankkeet 1970-luvulla, metron suunnittelu, lasten päivä- ja kotihoito, kunnallinen asuntopolitiikka, peruskouluun siirtyminen ja kulttuurihallinnon luominen, toteutettiin lopulta yhteistyön hengessä, pysyivät ideologiset erot selvänä. Kaupungintalosta tuli pääkaupungin kuumin poliittisen toiminnan tila 1970-luvulla. Valtuustosali symboloi lähihistorian poliittisimman aikakauden henkeä. Uusi kunnallislaki vuonna 1977, jota oli valmisteltu kymmenen vuotta, siirsi Suomen yhtenäiseen kuntajärjestelmään. Tavoitteena oli kuntatoimintojen politisoiminen, sillä luottamushenkilöiden asemaa vahvistettiin heikentämällä vahvojen virkamiesten asemaa. Valtuutettujen määrä nousi, Helsingissä 77:stä 85:een. Puolueiden lakimääräisiä resursseja ja velvollisuuksia lisättiin. Uuden valtuustosalin valmistuminen kaupungintaloon kesällä 1988 antoi kunnallispolitiikalle teknisesti ja toiminnallisesti nykyaikaiset puitteet.

‹ Helsingin kaupunginhallitus järjestäytyy kokoukseensa istuntosalissaan kaupungintalossa kesäkuussa 2008.

‹ The council's Executive Board preparing for a meeting in its room in the City Hall in June 2008.

especially in the 1960s, when the percentages of those voting in municipal elections were high. People began to look on the local authority more and more as a provider of services, an organization that had to be planned well and with an adequate degree of foresight. The City Planning Office was created for this purpose in 1964, and in the same year the City Council switched to a long-term financial planning regimen. The City Offices expanded as new officials were appointed to the City Hall, the council developed its own information department and tourist services, and plans for the building of a metro and development of the city centre were completed.

All levels of society in the late 1960s were gripped by the tension that existed between the traditional ways of doing things and the needs and demands of modern life, and it is not surprising that pressures for increased efficiency developed within the City Hall. Although the major projects of the 1970s, the planning of the metro, the development of home and day centre care for children, the evolution of a housing policy, the changeover to the comprehensive school system and the creation of a cultural affairs administration, were eventually all carried through in a spirit of mutual cooperation, it must be admitted that clear ideological differences persisted. Thus the City Hall became the "hot spot" of political activity for the whole of that decade, and the council chamber symbolized the atmosphere of what was to prove the most openly politicized period in our recent history. Eventually the new Local Government Law of 1977 meant a changeover to a single system of local administration throughout the country, applying to urban and rural districts alike, with the aim of politicizing local government by strengthening the powers of elected councillors and weakening those of the previously

Kaupungintalokorttelin valoisampi tulevaisuus?

Kaupungintalokortteli ja nykyinen Kauppatorin alue yhdessä Esplanadien kanssa kuvastavat pienoiskoossa Helsingin kasvua venäläisestä pikkukaupungista urbaanin liike- ja kauppaelämän keskukseksi ja Suomen todelliseksi pääkaupungiksi. Esplanadit, Kauppatori ja satama-alue Eteläranassa muodostavat yhä vaikuttavan kokonaisuuden. Senaatintorin tuntumaan sijoittuvissa ensimmäisissä poliittisissa ja kansallisissa rakennuksissa näkyy kansalaisyhteiskunnan järjestäytyminen, puoluemuodostumisen ja valtiopäivätoiminnan alkaminen. Torin eteläpuolen kortteleihin kehittyi kaupungin kulttuurin, hallinnon ja politiikan tiloja. Seurahuone Kauppatorilla ja Esplanadien mahtavat kivitalot, pankit, pääkonttorit, tavaratalot, hotellit ja teatterit vaikuttivat Helsingin metropoli-ilmeen syntymiseen.

Helsingin kaupungintalo on ollut monien suurkaupunkiunelmien kotitilaa – ja paikka, jossa unelmat sekoittuvat pettymyksiin. Eräs unelma on liittynyt omaan kaupungintaloon ja elävän kaupunkiympäristön luomiseen sen ympärille. Useampia valtuustoaloitteita jätettiin jo 1960-luvulla kaupungintalokortteleiden virastoluonteen muuttamiseksi ja alueen elävöittämiseksi. Kaupunginjohtaja Auran ajoista lähtien hanke on ollut esillä. Tiloja on haluttu palauttaa kaupungin hallinnon käytöstä takaisin pienimuotoiseen liiketoimintaan ja kaupankäyntiin. Monien vaiheiden jälkeen suunnitteluun päästiin 2000-luvulla. Syksyllä 2006 Helsingissä käynnistettiin asemakaavatyö, jonka tarkoituksena on muuttaa arvokas empire-keskusta kaupunkilaisten ja matkailijoiden monipuoliseen kulttuuri- ja virkistyskäyttöön.[45] Jalankulkuympäristön parantaminen ja

dominant administrators. The number of elected councillors in Helsinki increased from 77 to 85 and the statutory resources allocated to the political parties and duties exacted of them were increased. The inauguration of the new council chamber in the City Hall in summer 1988 completed the transformation by providing a technically and functionally modern environment for the council to operate in.

A brighter future for the City Hall quarter?

The City Hall blocks together with the Market Place and the North and South Esplanades reflect on a small scale the development of the whole of Helsinki from a little Russian town to an urbane centre for Finland's business and commercial life and a worthy capital city. The Esplanades, the Market Place and the harbour on the South Shore still form an impressive entity within the structure of the city, while the new nation's first political and institutional buildings around the Senate Square reflect the reorganization of its society, the formation of political parties and the commencement of parliamentary activities. It was between these two entities, in the blocks on the south side of the square, that the city's own cultural, administrative and political institutions developed, in the Society House beside the Market Place and in the mighty stone-built edifices, banks, head offices, department stores, hotels and theatres that line the Esplanades, the buildings that have contributed so much to the modern image of Helsinki as a metropolis.

Helsinki City Hall has been the home of innumerable dreams of such a metropolis – and the place where so many of these dreams have been mingled with sisäpihojen avaaminen kuuluvat tavoitteisiin, samoin koko merellisen Eteläranan yleisilmeen kirkastaminen. Kaupungintalon ympärille ollaan suunnittelemassa "vanhaa kaupunkia", jossa satunnainen kulkija voi nauttia taiteesta ja musiikista sekä hyvästä ruoasta ja juomista. Kaupungintalon aulasta tehdään päättäjien ja asukkaiden yhteistä toimintatilaa. Tavoite on korkealla ja historiaan viitataan, sillä ideasuunnitelma päättyy toivorikkaisiin sanoihin: "Seurahuoneella tanssitaan jälleen …"

disappointment. One such dream was that of providing Helsinki with a city hall of its own and creating a lively urban environment around it. A multitude of initiatives were put before the City Council in the 1960s with the aim of breaking the domination of the area by office buildings and bringing new life to it – a project that has been current since the days when Teuvo Aura was mayor. The idea has been to release space from the city's administration for the use of small businesses and shops. After many altercations, work began in autumn 2006 on transforming the distinguished Empire-style centre of Helsinki into an area that could be used by the people of the city and by visitors for a wide variety of cultural and recreational purposes.[45] This has included improved access for pedestrians and the opening up of many of the inner courtyards, and also the enhancing of the general maritime appearance of the South Shore. One idea is to create an "old town" in the area around the City Hall where casual visitors can wander about, enjoy art and music and find good things to eat and drink. Another is that the foyer of the City Hall should serve as a place where citizens can come face to face with the councillors responsible for the decisions that affect them. It is an ambitious plan, and one that has its roots in history, for the document ends with the hopeful words "There will be dancing in the Society House once more ..."

10 MENYYTÄ KAUPUNGINTALON RAVINTOLASTA

SELECTED MENUS FROM HELSINKI'S CITY HALL RESTAURANT

Ravintola Kaupungintalo tänään

ERÄS HENKILÖ kysyi minulta kerran, minkälaisia tilaisuuksia siellä kaupungintalolla oikein järjestetään? Vastasin kysymällä: ”Kauanko sinulla on aikaa kuunnella?”

Tilaisuuksia on todellakin monenlaisia, on parin hengen kabinettilounaita, kokouskahvituksia, illallisia, valtiovierailulounaita, konferenssivastaanottoja, cocktailtilaisuuksia. Yksi vuosittainen huipentuma on 12. kesäkuuta järjestettävä Helsinki-päivän juhlavastaanotto noin 1500 henkilölle. Tämän tilaisuuden suunnittelu alkaa jo silloin, kun maassa on vielä hanki ja järvet jäässä.

Kaupungintalon vieraat vuositasolla ovat kuin läpileikkaus maailman ihmisistä. Kaupungin vieraanvaraisuudesta ovat nauttineet ihmiset maapallon joka kolkasta, cheerleadereistä kuninkaallisiin, Shanghaista Seattleen.

Tämä tietenkin tuo omat haasteensa menyysuunnitteluun. Kuinka saada tuhatpäinen kansainvälinen vierasryhmä tyytyväiseksi? Helposti, väitän. Yksinkertaisesti niin, että pysytään suomalaisina ja eurooppalaisina. Savustettu suomalainen kala on meille toki arkipäivää, mutta sademetsän takaa saapuvalle vieraalle sen nauttiminen saattaa olla ainutkertainen ja unohtumaton kokemus. Suomen luonnosta saatavat marjat, sienet, riistaeläimet ja kalat ovat aitoa eksotiikkaa vieraille

The City Hall Restaurant today

I WAS ONCE ASKED what sorts of events we actually arrange at the City Hall, to which I could only reply, “If I list them all, how much time have you got to listen?” We do indeed have all kinds of occasions going on here, from discreet lunches for two people in a private room, to coffee breaks in the middle of long meetings, formal dinners, lunches to mark state visits, conference receptions, or cocktail parties. One outstanding annual occurrence is the reception for about 1500 people held on 12th June to mark Helsinki Day, the planning for which begins so well in advance that there is still snow on the ground and ice on the lakes at that time.

The visitors that come to the City Hall in the course of a year form a good cross-section of the world’s population, and one could very well say that people of all walks of life and from every corner of the world have enjoyed our hospitality, from cheerleaders to royalty and coming from anywhere between Shanghai and Seattle.

This, of course, poses certain problems when it comes to planning menus. “How can one be sure of pleasing a group of a thousand visitors from an assortment of countries?” you may well ask. The answer is “Very easily”. It can be done simply by remembering to stay Finnish and European. Smoked fish from the Finnish lakes may sound very humdrum to us, but for visitors coming

Kaukoidästä tai Yhdysvalloista. Tehdään sitä, mikä meille on ominaisinta ja ollaan ylpeitä siitä.

Varsin laajan ja vaihtelevan tilaustoiminnan lisäksi Ravintola Kaupungintalo huolehtii päivittäin lounasruokailusta kaupungintalon ja lähialueen virastojen henkilökunnalle. Kaupunginvaltuuston, valtuustoryhmien ja kaupunginhallituksen kokouksien tarjoilut ovat myös yksi tärkeä osa ravintolan toimintaa.

Luonnehtisin keittiömme suuntausta klassista ruoanlaittoa kunnioittavaksi, sopivasti modernisoituna. Seuraavilla sivuilla esittelen kolmen ruokalajin menyykokonaisuuksia viime vuosilta. Olen valinnut mukaan menyitä toteutuneista tilaisuuksista, joista osa on myös nimetty. Pääruokareseptit olen kirjoittanut siten, että ohjeista löytyvät pääraaka-aineen lisäksi myös mm. tärkeimmät lisäkkeet ja kastikkeet. Jokainen voi halutessaan helposti täydentää näitä ruokalajeja omilla suosikkivihanneksilla, perunoilla tai salaatilla, maun mukaan. Reseptien välissä on joitain omia kommenttejani ja vinkkejäni. Kaupungintalolla on kaksi uniikkia astiastoa, ”Vaakuna” ja ”Riisiposliini”. Molemmat vilahtavat tämän kirjan ruokakuvissa.

Vuodesta 2003 lähtien Helsingin kaupungintalon catering-palveluista on huolehtinut Palmia. Palmia on vahvasti kehittyvä catering- ja toimitilapalveluja tuottava Helsingin kaupungin liikelaitos, joka tarjoaa laadukkaita ja asiakaskohtaisesti räätälöityjä palvelupaketteja. Palmia huolehtii asiakkaittensa hyvinvoinnista ja turvallisuudesta noin 700 palvelukohteessa 2 300 ammattilaisen voimin. Kaupungintalolla työskentelee vakituisesti 15 henkilöä. Lisäksi käytämme runsaasti ekstratyövoimaa, kun tilaisuudet kasvavat eivätkä oman väen kädet enää riitä niitä hoitamaan. Muista yhteistyö-

here from beyond the rain forests it may mean a unique and unforgettable experience. Fish, game, berries and mushrooms coming directly from our forests will be something genuinely exotic for guests from the Far East or the United States. We serve what comes most naturally to mind for us and we are proud of it!

Apart from this broad and varying spectrum of special events, the City Hall Restaurant provides daily lunches for the staff of the City Hall itself and many of the offices in the neighbourhood, together with whatever food and drink is served in connection with meetings of the City Council, the City Board and the political groups represented on these.

I would describe our style of food as suitably modern while still doing justice to the classical traditions of cuisine. The pages that follow contain menus for three-course meals that we have served on various occasions in recent years, some of which are mentioned by name. The recipes for the main courses are given in full, complete with sauces and accompaniments, but they can easily be complemented with other favourite vegetables, styles of potato or salads according to taste. There are also various comments and hints of my own between the recipes. The City Hall has two unique sets of tableware, the “Coat of Arms” design and the “Rice Porcelain”, and both appear in the accompanying pictures from time to time.

Since 2003 catering services at Helsinki City Hall have been in the hands of Palmia, a public corporation created by Helsinki City Council to take care of the accommodation and catering side of its activities. With a staff of 2300 professionals, it provides high-quality, personalized services that ensure the safety and welfare kumppaneista mainitsisin vielä kaupunginpuutarhan, joka toimittaa tilaisuuksiin asianmukaiset kukkasomisteet.

Kaupungintalon ja sen ympäristön elävöittäminen sekä alati kansainvälistyvä pääkaupunkimme luovat tulevaisuudessa runsaasti haasteita ja mahdollisuuksia myös Ravintola Kaupungintalolle.

Helsingissä 20.5.2008

Pekka Puhakka
Keittiöpäällikkö
Ravintola Kaupungintalo

Resepteissä käytettävällä suolalla tarkoitetaan myllystä rouhittua merisuolaa ja pippurilla myllystä rouhittua mustapippuria, jos toisin ei mainita.

Reseptit on tarkoitettu 6 hengelle.

Use freshly ground sea salt and freshly ground black pepper throughout unless otherwise stated.

The recipes are intended for 6 portions.

of clients at more than 700 sites. The regular staff employed at the City Hall amounts to 15 persons, in addition to whom large numbers of extra staff are taken on for special events where more helping hands are needed. Important among the restaurant's collaborating partners is of course the city's Gardens Department, which supplies the appropriate floral decorations for the various events.

The tasks of enlivening the City Hall and its surroundings and of operating in a capital city that is becoming progressively more international are likely to create all manner of new challenges and opportunities for the City Hall Restaurant in times to come, as also for other city services.

Helsinki, 20th May, 2008

Pekka Puhakka
Executive Chef
City Hall Restaurant

Best of Helsinki Awards -gaalaillallinen 22.11.2007

- KUNINGASRAVUNJALKAA JA TOMAATTI-PAPRIKAMOUSSEA
- LIEKITETTYÄ PEURANFILETTÄ, SAVUJUUREKSIA JA MUSTAHERUKKAKASTIKETTA
- OMENA X 3

Best of Helsinki Awards gala dinner, 22th November 2007

- RED KING CRAB LEGS WITH TOMATO AND SWEET PEPPER MOUSSE
- FILET OF VENISON FLAMBÉ WITH SMOKED ROOT VEGETABLES AND BLACKCURRANT SAUCE
- APPLE X 3

Kuningasravunjalkaa ja tomaatti-paprikamoussea

1 kg kuningasravunjalkoja

Keitinliemi:

3 l vettä
1 kg juureksia kuorittuna ja pilkottuna (porkkana, palsternakka, selleri, sipuli)
90 g karkeaa merisuolaa
4 kpl laakerinlehtiä
nippu tuoreita yrttejä (timjami, oregano, lehtipersilja)

Mittaa 5 litran kattilaan keitinliemiainekset. Keitä lientä miedolla lämmöllä 20 minuuttia. Siivilöi liemi. Leikkaa kuningasravunjalat kahteen osaan. Laita paksummat osat kiehuvaan liemeen ja keitä 3 minuuttia. Lisää ohuemmat osat ja keitä vielä 7 minuuttia. Jäähdytä jalat keitinliemessään jääkaappikylmäksi, mielellään yön yli. Leikkaa kuori auki varovasti saksilla jalan vaalealta puolelta. Levitä kuorta hieman ja irrota ravunliha liu'uttamalla pientä veistä varoen lihan ja kuoren välissä. Tee ravunlihasta tuorekelmun avulla tiukka rulla ja laita jääkaappiin vetäytymään 3 tunniksi. Poista kelmu ja leikkaa terävällä veitsellä annospaloiksi.

Pakasta upean makuinen rapujen keitinliemi pienissä rasioissa ja käytä myöhemmin keittoihin ja kastikkeisiin.

Red king crab legs with tomato and sweet pepper mousse

1 kg red king crab legs

For the stock:

3 litres water
1 kg root vegetables (carrots, parsnips, celeriac, onions) peeled and chopped
90 g coarse sea salt
4 bay leaves
a bunch of fresh herbs (thyme, oregano, parsley)

Measure the ingredients for the stock into a 5-litre saucepan. Allow the stock to boil on a gentle heat for 20 minutes, and then strain. Cut the crab legs into two and put the thicker parts into the boiling stock. Cook for 3 minutes and then add the thinner parts and boil for a further 7 minutes. Cool the crab legs in the stock until they are at refrigerator temperature, preferably overnight. Cut the shell open carefully on the light side of the leg with scissors, pull the shell apart slightly and prise out the meat by sliding a small knife down between it and the shell. Form the crab meat into a tight roll with cling foil and place it in the refrigerator to stand for 3 hours. Remove the foil and cut the meat into portions with a sharp knife.

Freeze the delicious stock in small pots to use later in soups and sauces.

Tomaatti-paprikamousse:

3 tomaattia
1 paprika
oliiviöljyä
paprikajauhetta
1/2 sipulia
100 g ranskankermaa
100 g maustamatonta tuorejuustoa
suolaa, rouhittua mustapippuria
2 liivatelehteä

Leikkaa tomaatit neljään osaan, poista kanta ja siemenet. Kuutioi tomaatit, paprika ja sipuli. Laita kattilaan tilkka oliiviöljyä sekä hieman paprikajauhetta ja freesaa kasvikset miedolla lämmöllä pehmeiksi. Soseuta kasvikset sauvasekoittimella hyvin ja paseeraa vielä lopuksi tiheän siivilän läpi. Jäähdytä. Vatkaa ranskankerma ja tuorejuusto kuohkeaksi, lisää tomaatti-paprikasose. Mausta suolalla ja pippurilla. Liota liivatelehtiä kylmässä vedessä 10 minuuttia, sulata kattilassa vesitilkan kanssa ja lisää seokseen. Laita mousse jääkaappiin 3 tunniksi.

Liekitettyä peuranfileetä, savujuureksia ja mustaherukkakastiketta

900 g peuran ulkofileetä
voita
2 cl giniä
suolaa

Leikkaa huoneenlämpöinen peuranfilee 6 osaan. Ota paloihin väri paistinpannulla voissa paistaen minuutti per puoli. Lopuksi kaada pannuun gini ja liekitä.

Aseta fileet uunipellille ja mausta suolalla. Aseta

For the tomato and sweet pepper mousse:

3 tomatoes
1 sweet pepper
olive oil
paprika powder
½ onion
100 g crème fraîche
100 g cottage cheese, unflavoured
ground sea salt, ground black pepper
2 leaves of gelatine

Cut the tomatoes into four and remove the stems and pips. Dice the tomatoes, sweet pepper and onion. Put a spot of olive oil and a little ground paprika in a saucepan and lightly fry the vegetables over a gentle heat until they are soft. Liquidize them with a hand-held mixer and pass the pulp through a fine sieve. Put on one side to cool. Whip the crème fraîche and cottage cheese until fluffy and add the tomato and sweet pepper pulp. Season with ground sea salt and ground black pepper. Soak the gelatine leaves in cold water for 10 minutes, melt them with a drop of water in a saucepan and add them to the mixture. Allow the mousse to set in a fridge for 3 hours.

Filet of venison flambé with smoked root vegetables and blackcurrant sauce

900 g sirloin of venison
butter
2 cl gin
ground sea salt

Cut the meat into 6 steaks at room temperature. Brown them in butter in a frying pan for a couple of minutes sisälämpömittari keskelle yhtä fileepalaa ja paahda 80-asteisessa uunissa, kunnes sisälämpö on 55 astetta. Anna vetäytyä leikkuulaudalla 5 minuuttia ja leikkaa sitten palat viistosti kulmasta kulmaan.

Savujuurekset:

1,2 kg juureksia kuorittuna (porkkana, palsternakka, nauris, pieniä salottisipuleja)	*suolaa*
voita	*1/2 dl hunajaa*
	lehtipersiljaa

Leikkaa juurekset 2 x 2 cm kuutioiksi, jätä salottisipulit kokonaisiksi. Freesaa juureksia pannulla voissa muutama minuutti, älä kuitenkaan ruskista. Mausta suolalla. Aseta savustusritilälle pala foliota ja aseta juurekset sen

on each side, then pour the gin into the pan and flambé the meat.

Place the steaks on an oven tray and season with salt. Push an oven thermometer into the centre of one piece and roast the meat at 80°C until the thermometer shows 55°. Allow the steaks to stand on a chopping board for 5 minutes and then cut diagonally from corner to corner.

Smoked root vegetables:

1.2 kg root vegetables (carrots, parsnips, swedes, small shallots), peeled	*ground sea salt*
butter	*½ dl honey*
	some parsley

Cut the vegetables into 2 x 2 cm cubes, except for the shallots, which can be used whole. Lightly fry them for a few minutes in butter in a pan, but do not brown them. Season with salt. Put a piece of aluminium foil on a smoking grid and arrange the vegetables on this.

Tulella ei leikitä! Älä liekitä liesituulettimen alla ja pidä muutenkin pannu kädenmitan päässä kaikesta muusta. Ja jos avotuli kotikeittiössä tuntuu vieraalta ajatukselta, voi liekittämisen jättää myös väliin kokonaan.

Fire warning! Don't flambé your meat under an extractor fan, and make sure that the pan is an arm's length away from all the other things. If you are worried about using a naked flame in your kitchen, leave out the flambé part altogether.

päälle. Savusta miedolla lämmöllä 15 minuuttia. Aseta juurekset uunipellille ja sekoita joukkoon hunaja. Paista 170-asteisessa uunissa 20 minuuttia. Lisää lopuksi joukkoon suikaloitu lehtipersilja.

Riistaliemi:

2 kg peuran liemiluita 5 cm:n paloina
1 kg luista naudanpotkaa viipaleina
200 g selleriä kuorittuna
200 g porkkanaa kuorittuna
200 g sipulia kuorittuna
200 g palsternakkaa kuorittuna
3 laakerinlehteä
tuoretta timjamia

Paahda peuranluut, naudanpotkaviipaleet ja paloitellut juurekset 250-asteisessa uunissa 20 minuuttia. Laita kattilaan ja lisää vettä siten, että luut peittyvät. Keitä lientä 6 tuntia miedolla lämmöllä, lisää vettä hieman keittämisen aikana. Siivilöi liemi ja pakasta pienissä rasioissa. Ohjeesta tulee 1,5–2 l valmista lientä.

Mustaherukkakastike:

5 dl riistalientä
3 dl punaviiniä
suolaa
mustaherukkahyytelöä

Mittaa kattilaan riistaliemi ja punaviini. Keitä kokoon, kunnes jäljellä on noin puolet. Mausta suolalla ja mustaherukkahyytelöllä.

Smoke them at a gentle heat for 15 minutes. Move them to an oven tray and mix the honey in with them. Roast in a 170°C oven for 20 minutes. Finally add the chopped parsley.

Venison stock:

2 kg venison bones cut into 5 cm pieces
1 kg shin of beef on the bone, sliced
200 g celeriac, peeled
200 g carrots, peeled
200 g onions, peeled
200 g parsnips, peeled
3 bay leaves
some fresh thyme

Roast the venison bones. Sliced shin of beef and diced vegetables in a 250°C oven for 20 minutes. Put them into a saucepan and add enough water to cover the bones. Allow the stock to simmer over a gentle heat for 6 hours, adding a little water from time to time. Strain the stock and freeze it in small pots. The recipe should yield 1.5–2 litres of stock.

Blackcurrant sauce:

5 dl venison stock
3 dl red wine
ground sea salt
blackcurrant jelly

Measure the stock and wine into a saucepan. Boil until it is reduced in volume to about a half. Season with salt and blackcurrant jelly.

Omena x 3

KOLME PIENTÄ JÄLKIRUOKAA OMENASTA

Omena-vaniljashotti:

2 Granny Smith -omenaa
1 kanelitanko
sokeria
calvadosta
1 dl kuohukermaa
1 vaniljatanko

Kuori omenat, poista kota ja siemenet. Keitä lohkoina kanelitangon kanssa pehmeiksi. Nosta omenalohkot pois ja soseuta hyvin sauvasekoittimella. Lisää keitinlientä siten, että saat omenasoseesta hiukan juoksevaa. Mausta sokerilla ja calvadoksella. Mittaa kulhoon kuohukerma. Halkaise vaniljatanko pituussuunnassa ja kaavi sisus varovasti pienellä veitsellä kerman joukkoon. Vatkaa kerma löysäksi vaahdoksi. Jaa snapsilaseihin 2 osaa lämmintä omenasosetta ja 1 osa kermavaahtoa.

Tarte tatin:

150 g pehmeää voita
100 g vehnäjauhoja
1 kananmuna
1–2 rkl vettä
3 Granny Smith -omenaa
50 g voita
50 g sokeria

Sekoita keskenään jauhot ja voi, lisää kananmuna ja vesi. Kääri taikina kelmuun ja laita jääkaappiin pariksi tunniksi. Kuori omenat, poista kota ja siemenet. Leikkaa omena 1 cm paksuisiksi lohkoiksi. Jaa voi ja sokeri valurautaiseen lettupannuun. Aseta omenalohkot

Apple x 3

THREE SMALL APPLE DESSERTS

Apple and vanilla shot:

2 Granny Smith apples
1 cinnamon stick
sugar
Calvados
1 dl whipping cream
1 vanilla pod

Peel the apples and remove the cores and seeds. Cut into segments and cook them together with the cinnamon stick until soft. Lift the apple segments out of the water and purée them well with a hand-held mixer. Add a little of the water until the apple purée is slightly runny. Flavour with sugar and Calvados. Measure the cream into a basin, split the vanilla pod lengthways and scoop the centre out carefully into the cream. Whip the cream to a loose froth. Fill schnapps glasses with 2 parts of warm apple purée and 1 part of whipped cream.

Tarte Tatin:

150 g soft butter
100 g plain flour
1 egg
1–2 tbsp water
3 Granny Smith apples
50 g butter
50 g sugar

Mix the flour and butter together, add the egg and water. Wrap the dough in cling foil and put it in the fridge for a couple of hours. Peel the apples and remove the cores and seeds. Cut the apples into segments about 1 cm thick. Put the butter and sugar in a pancake

päälle tiiviisti limittäin. Kauli taikina 1/2 cm paksuiseksi ja leikkaa muotilla lettujen kokoisia taikinakiekkoja. Painele taikinakiekot kevyesti omenoiden päälle peittäen omenat kokonaan. Paista 180-asteisessa uunissa 20–25 minuuttia. Anna jäähtyä 15 minuuttia ja kumoa.

Omenasorbetti:

3 Granny Smith -omenaa
1,5 dl vettä
1,5 dl sokeria
1 sitruunan mehu

Kuori omenat, poista kota ja siemenet. Mittaa kattilaan vesi ja sokeri. Lisää kuutioidut omenat ja sitruunamehu. Keitä pehmeiksi ja soseuta sauvasekoittimella. Tarkista maku ja lisää sokeria tarvittaessa. Jäähdytä ja pyöritä jäätelökoneessa sorbetiksi.

pan and arrange the segments of apple tightly on top. Roll out the dough to a thickness of ½ cm and cut out pancake-sized discs with a pastry cutter. Press the discs down lightly on top of the apples to cover them entirely. Bake in a 180°C oven for 20–25 minutes. Allow to cool for 15 minutes and turn out upside down.

Apple sorbet:

3 Granny Smith apples
1.5 dl water
1.5 dl sugar
juice of 1 lemon

Peel the apples and remove the cores and seeds. Measure the water and sugar into a saucepan, add the diced apples and the lemon juice. Cook until soft and liquidize with a hand-held mixer. Check for taste and add sugar if necessary. Cool and mix to a sorbet in an ice-cream maker.

Lounasmenyy tammikuulta 2007

- VUOHENJUUSTO-SELLERIKEITTOA
- PAISTETTUA HAUKEA, KAMPASIMPUKKARISOTTOA JA BEARNAISEKASTIKETTA
- MAITOSUKLAAMOUSSEA JA PASSIONKASTIKETTA

A lunchtime menu from January 2007

- GOAT'S CHEESE AND CELERIAC SOUP
- FRIED PIKE WITH SCALLOP RISOTTO AND BÉARNAISE SAUCE
- MILK CHOCOLATE MOUSSE WITH PASSION FRUIT SAUCE

Vuohenjuusto-sellerikeittoa

600 g selleriä kuorittuna
400 g perunaa kuorittuna
1 sipuli
300 g vuohenjuustoa
2 dl kuohukermaa
suolaa ja pippuria

Kuutioi vihannekset ja keitä kypsiksi. Kaada talteen hieman keitinlientä, lisää vuohenjuusto ja soseuta keitto sauvasekoittimella erittäin hyvin. Lisää kuohukerma ja jatka sauvalla sekoittamista vielä parin minuutin ajan. Lisää tarvittaessa keitinlientä ja mausta keitto suolalla ja pippurilla.

Goat's cheese and celeriac soup

600 g celeriac, peeled
400 g potatoes, peeled
1 onion
300 g goat's cheese
2 dl whipping cream
sea salt and black pepper

Dice and cook the vegetables. Leave a little of the water with them, add the goat's cheese and liquidize very well with a hand-held mixer. Add the whipping cream and continue mixing for a couple of minutes. Add more of the water in which the vegetables were cooked if necessary and season with salt and pepper.

Paistettua haukea, kampasimpukkarisottoa ja béarnaisekastiketta

1,2 kg:n haukifilee
voita
rypsiöljyä
suolaa

Poista haukifileestä ohut vatsaosa ruotoineen ja leikkaa file tasakokoisiin annospaloihin. Mausta palat molemmin puolin suolalla ja anna imeytyä tunnin. Laita kuumalle pannulle tilkka öljyä ja voita. Paista haukifileet paksuudesta riippuen 2–3 minuuttia per puoli.

Fried fillet of pike with scallop risotto and béarnaise sauce

1.2 kg pike fillets
butter
rapeseed oil
ground sea salt

Bone the pike fillets and remove their thin undersides. Cut the fillets into evenly sized portions. Season with salt on both sides and allow to stand for an hour or so for this to soak in. Put a drop of oil and butter in a hot frying pan and fry the fillets for 2–3 minutes on each side, depending on their thickness.

Kampasimpukkarisotto:

300 g risottoriisiä
2–3 salottisipulia
oliiviöljyä
1,5 dl valkoviiniä
vettä
1–2 valkosipulinkynttä
100 g parmesanjuustoa
300 g kampasimpukoita
rypsiöljyä
ruohosipulia
suolaa ja pippuria

Kaada paksupohjaiseen kattilaan tilkka oliiviöljyä, lisää riisi ja pieneksi kuutioidut salottisipulit. Kuullota 2–3 minuuttia, mausta pippurilla ja veitsellä hienonnetulla valkosipulilla. Kaada joukkoon valkoviini ja pari desiä vettä. Tässä vaiheessa lisää hieman suolaa keitinliemeen. Keitä miedolla lämmöllä ja lisää vettä vähän kerrallaan riisin kypsyessä. Jatka keittämistä kunnes riisi on napakan kypsää. Sekoita joukkoon raastettu parmesan ja nosta kattila pois hellalta. Leikkaa kampasimpukat 1 x 1 cm kuutioiksi ja paista rypsiöljyssä kuumalla pannulla minuutin ajan. Lisää risoton joukkoon kampasimpukat ja leikattua ruohosipulia. Lisää suolaa tarvittaessa.

Risoton kuuluu olla kosteaa, lähes lusikalla syötävää.

Scallop risotto:

300 g risotto rice
2–3 shallots
olive oil
1.5 dl white wine
water
1–2 cloves of garlic
100 g Parmesan cheese
300 g scallops
rapeseed oil
chives
sea salt and black pepper

Pour a drop of olive oil into a thick-bottomed saucepan, add the rice and the finely diced shallots. Fry lightly for 2–3 minutes, season with black pepper and the garlic finely chopped with a knife. Pour in the white wine and a couple of decilitres of water. Add a little salt to the stock at this point, bring to the boil over a gentle heat and add a little more water from time to time as the rice cooks. Continue boiling until the rice is cooked al dente, mix in the grated Parmesan cheese and lift the saucepan off the heat. Cut the scallops into 1 x 1 cm cubes and fry in rapeseed oil in a hot pan for one minute. Add the scallops and chopped chives to the risotto. Add salt if required.

The risotto should be moist in texture, almost suitable for eating with a spoon.

〉 Vuohenjuusto-sellerikeitto

〉 Goat´s cheese and celeriac soup

Béarnaisekastike:

1 dl valkoviinietikkaa
0,5 dl vettä
1 salottisipuli
1 laakerinlehti
1 persiljanoksa
1 rakuunanoksa
4 keltuaista
200 g voita
hienonnettua rakuunaa

Mittaa kattilaan valkoviinietikka, vesi, hienonnettu salottisipuli, laakerinlehti, persilja ja rakuuna. Keitä kokoon kunnes nestettä on jäljellä puolet. Siivilöi liemi. Laita pieneen kattilaan keltuaiset ja siirrä hellalle erittäin pienelle lämmölle. Kaada joukkoon puoliksi jäähtynyt etikkaliemi pienissä erissä koko ajan sekoittaen ja saosta kastike. Sammuta hella ja lisää joukkoon pehmeä voi nokareina voimakkaasti sekoittaen. Mausta suolalla, pippurilla ja rakuunalla.

Béarnaise sauce:

1 dl white wine vinegar
0.5 dl water
1 shallot
1 bay leaf
1 sprig of parsley
1 sprig of tarragon
4 egg yolks
200 g butter
ground tarragon

Place the white wine vinegar, water, finely chopped shallot, bay leaf, parsley and tarragon into a saucepan and cook until the liquid has been reduced by half. Strain the stock. Put the egg yolks into a small saucepan and place on the stove over a very gentle heat. Pour in the half-cooled stock a little at a time, stirring constantly, and allow to thicken to a sauce. Turn off the heat and add a knob of butter while stirring well. Season with salt, pepper and ground tarragon.

Liian kova lämpötila aiheuttaa kastikkeen juoksettumisen, joten on syytä olla tarkkana. Kastikkeen ei tarvitse olla tarjottaessa kuin puolilämmintä, eli se on hyvä tehdä ensin ja laittaa kattila kansi päällä hellan kulmalle odottamaan.

Be careful with the heat. If it is too high the sauce will become runny. Similarly the sauce doesn't need to be more than lukewarm when it is served. In other words, it can be made well beforehand, covered with a lid and left to stand on the edge of the stove.

Maitosuklaamoussea ja passionkastiketta

Maitosuklaamousse:

1 kananmuna
1 liivatelehti
200 g maitosuklaata
3 dl kuohukermaa

Vatkaa kananmuna vesihauteessa kypsäksi. Sulata suklaa vesihauteessa varovasti. Kaada suklaa kananmunan joukkoon koko ajan sekoittaen. Lisää liotettu ja vesitilkassa sulatettu liivate joukkoon. Vatkaa kerma pehmeäksi vaahdoksi ja lisää joukkoon. Sekoita hyvin ja hyydytä annosmaljoissa tai -vuoissa jääkaapissa 4–6 tuntia.

Passionkastike:

3 dl puristettua appelsiininmehua
1 dl sokeria
1 dl passionhedelmänlihaa

Mittaa kattilaan appelsiininmehu ja sokeri. Keitä kokoon noin 20 minuuttia. Lisää passionhedelmänliha ja keitä vielä 5 minuuttia. Jäähdytä.

Milk chocolate mousse with passion fruit sauce

Milk chocolate mousse:

1 egg
1 leaf of gelatine
200 g milk chocolate
3 dl whipping cream

Beat the egg over a hot water bath until it is cooked. Melt the chocolate carefully over the water bath and add it to the egg, stirring all the time. Soak the gelatine and dissolve it in a drop of water. Whip the cream to a soft froth and add to the mixture. Stir well, serve out into individual dishes or sundae glasses and place in a refrigerator for 4–6 hours to set.

Passion fruit sauce:

3 dl freshly squeezed orange juice
1 dl sugar
1 dl passion fruit flesh

Measure the orange juice and sugar into a saucepan. Reduce on the stove for about 20 minutes. Add the passion fruit flesh and cook for another 5 minutes. Allow to cool.

Makuja suomen puhtaasta luonnosta

- MADEKEITTOA KEITTIÖMESTARIN TAPAAN
- HIRVIPYÖRYKÖITÄ RIISTA-KERMAKASTIKKEESSA
- LAKKAMOUSSEA

A taste of the unspoiled nature of Finland

- BURBOT SOUP AU CHEF DE CUISINE
- ELK MEAT QUENELLES IN GAME AND CREAM SAUCE
- CLOUDBERRY MOUSSE

Madekeittoa keittiömestarin tapaan

1 kokonainen made n. 1,5 kg
3 laakerinlehteä
50 g purjon
vaaleanvihreää osaa
10 kokonaista
maustepippuria
1 sipuli
2 porkkanaa
suolaa
600 g perunaa kuorittuna
150 g salottisipulia
1,5 l vettä
1 dl kuohukermaa
voita
tilliä

Nylje, perkaa ja fileoi made. Ota maksa talteen. Kuutioi fileet ja maksa. Leikkaa purjo tulitikun kokoisiksi suikaleiksi. Laita kattilaan pilkotut porkkanat ja sipuli, laakerinlehdet, maustepippurit ja mateen ruodot sekä pää, josta on kidukset poistettu. Mittaa kattilaan vesi, mausta suolalla ja keitä lientä puoli tuntia. Siivilöi liemi talteen. Keitä mateenfile- ja maksakuutioita kalaliemessä 3 minuuttia, lisää purjosuikaleet ja keitä vielä minuutin ajan. Nosta madekuutiot ja purjosuikaleet varovasti reikäkauhalla lautaselle. Laita kattilaan pilkotut perunat ja salottisipulit. Lisää kalalientä sen verran, että ne peittyvät juuri ja juuri. Keitä kypsiksi ja soseuta keitto sauvasekoittimella erittäin hyvin. Kun keitto on sileää, lisää kerma, voi ja tarpeen mukaan kalalientä. Jatka sauvalla sekoittamista vielä parin minuutin ajan ja lisää suolaa tarvittaessa. Lopuksi lisää keittoon madekuutiot, purjosuikaleet ja runsaasti leikattua tilliä.

Burbot soup au chef de cuisine

1 whole burbot, about 1.5 kg
3 bay leaves
50 g light green leaves of leek
10 whole allspice
1 onion
2 carrots
ground sea salt
600 g potatoes, peeled
150 g shallots
1.5 litres water
1 dl whipping cream
butter
dill

Skin, bone and fillet the burbot and take out the liver. Dice the fillets and the liver. Cut the leek leaves into strips the size of matchsticks. Put the sliced carrots and onion, bay leaves and allspice in a saucepan together with the bones and head of the burbot, having cut out the gills. Measure the water into the saucepan, season with salt and cook the stock for half an hour. Strain the stock and cook the diced fish and liver in it for 3 minutes. Add the strips of leek and cook for another minute. Carefully lift the fish cubes and strips of leek out onto a plate with a perforated spoon. Put the chopped potatoes and shallots into a saucepan and add enough of the fish stock to just cover them. Cook until done and liquidize well to a soup with a hand-held mixer. When the soup is smooth add the cream and butter, and salt if necessary. Finally add the cubes of fish, strips of leek and plenty of chopped dill.

Tarjoa pyöryköiden kanssa perunamuusia ja pihlajanmarjahyytelöä. Niin, ja tietenkin kylmää suomalaista lagerolutta!

Serve these elk meat quenelles with mashed potatoes and rowan berry jelly. And cold Finnish lager, of course!

Hirvipyöryköitä riista-kermakastikkeessa

600 g hirven jauhelihaa
2 kananmunaa
1 sipuli
rypsiöljyä
1 dl korppujauhoja
2 dl kuohukermaa
0,5 dl vettä
10 katajanmarjaa
3 timjaminoksaa
suolaa

Turvota korppujauhot vedessä. Mittaa kattilaan kerma ja vesi. Lisää murskatut katajanmarjat ja timjami. Keitä miedolla lämmöllä 10 minuuttia. Kuullota kuutioitu sipuli pienessä määrässä öljyä pehmeäksi. Kaada sipulin joukkoon katajakerma tiheän siivilän läpi ja soseuta. Lisää jauheliha ja munat ja sekoita kaikki ainekset keskenään ja mausta suolalla. Muotoile taikinasta pyöryköitä ja paista 180-asteisessa uunissa 10–15 minuuttia koosta riippuen.

Riista-kermakastike:

4 dl riistalientä (ohje sivulla 110)
4 dl kuohukermaa
voita
suolaa

Mittaa kattilaan riistaliemi ja kerma. Keitä kokoon, kunnes jäljellä on noin puolet. Vatkaa lopuksi joukkoon pari nokaretta pehmeää voita ja mausta suolalla.

Elk meat quenelles in game and cream sauce

600 g minced elk meat
2 eggs
1 onion
rapeseed oil
1 dl breadcrumbs
2 dl whipping cream
0.5 dl water
10 juniper berries
3 sprigs of thyme
freshly ground sea salt

Put the breadcrumbs in water to swell. Measure the water and cream into a saucepan and add the crushed juniper berries and thyme. Cook over a gentle heat for 10 minutes. Dice the onion and fry it lightly in a little oil until soft. Pour the juniper berry cream onto the onion through a fine sieve and mash to a pulp. Add the minced meat and eggs, mix all the ingredients together and season with salt. Form the mixture into balls and bake in a 180°C oven for 10–15 minutes depending on their size.

Game and cream sauce:

4 dl venison stock (see recipe on p. 110)
4 dl whipping cream
butter
freshly ground sea salt

Measure the stock and cream into a saucepan. Cook until reduced by about half. Finally whisk in a couple of knobs of soft butter and season with salt.

Lakkamousse

3 dl kuohukermaa
300 g lakkoja
2 valkuaista
1,5 dl tomusokeria
2 liivatelehteä

Vatkaa kerma vaahdoksi. Puristele lakat siivilän läpi huolellisesti. Vatkaa valkuaiset ja tomusokeri vaahdoksi. Sekoita lakkasose kermavaahdon joukkoon. Lisää vatkatut valkuaiset ja sokeri varovasti nostellen. Sulata liotetut liivatelehdet vesitilkassa ja lisää massaan. Jaa annosmaljoihin ja hyydytä jääkaapissa 3 tuntia.

Lakkasiirappi:

100 g lakkoja
0,5 dl vettä
0,5 dl sokeria

Mittaa ainekset kattilaan ja keitä 10 minuuttia. Siivilöi mehu huolellisesti puristellen tiheän siivilän läpi ja jatka keittämistä, kunnes mehu muuttuu siirappimaiseksi. Jäähdytä ja lisää siirappia lakkamoussen päälle 1 teelusikallinen per annos.

Cloudberry mousse

3 dl whipping cream
300 g cloudberries
2 egg whites
1.5 dl icing sugar
2 gelatine leaves

Whip the cream to a froth. Squeeze the cloudberries carefully through a sieve. Beat the egg whites and icing sugar to a foam. Mix the cloudberry purée into the whipped cream and gently fold in the beaten egg whites and sugar. Soak the gelatine leaves and then melt them in a drop of water and add to the mixture. Divide the mixture into individual glasses and place in a refrigerator for 3 hours to set.

Cloudberry syrup:

100 g cloudberries
0.5 dl water
0.5 dl sugar

Measure the ingredients into a saucepan and cook for 10 minutes. Strain the juice carefully by squeezing it through a fine sieve and continue cooking until the juice has formed a syrup. Cool and pour a teaspoonful on top of each portion of cloudberry mousse.

Menyy Amerikan malliin

- SINISIMPUKAT À LA ROCKEFELLER
- YRTTIPAAHDETTU KARITSANKAREE, PALSTERNAKKA-PÄÄRYNÄPYREETÄ JA TUMMAA SIIDERIKASTIKETTA
- SITRUUNAINEN PANNA COTTA JA GINGER ALE -KIISSELIÄ

An American-style menu

- MUSSELS À LA ROCKEFELLER
- RIBS OF LAMB ROASTED IN HERBS WITH PARSNIP AND PEAR PURÉE AND DARK CIDER SAUCE
- LEMON PANNA COTTA WITH GINGER ALE KISSEL

Sinisimpukat à la Rockefeller

Yhdysvaltalaisen miljardöörin mukaan nimetyn legendaarisen osteriruoan omassa versiossani pääosaa esittävät herkulliset sinisimpukat.

750 g tuoreita sinisimpukoita
2 dl valkoviiniä
voita
6 viipaletta pekonia
100 g varsiselleriä
1 dl leikattua kevätsipulia
0,5 dl leikattua lehtipersiljaa
0,5 dl leikattua vesikrassia
suolaa ja pippuria
200 g parmesanjuustoa
vaaleaa vuokaleipää
Pernod'ta

Harjaa simpukat kylmän juoksevan veden alla huolellisesti puhtaiksi ja poista parta. Heitä pois kaikki rikkinäiset simpukat. Kopauta raollaan olevia simpukoita ja jos kuori ei sulkeudu, niin heitä pois. Mittaa laakeaan kattilaan valkoviini ja kuumenna kiehumispisteeseen. Lisää kattilaan simpukat ja keitä kannen alla 5 minuuttia. Ravistele kattilaa varovasti keittämisen aikana pari kertaa. Heitä pois simpukat, jotka eivät ole avautuneet keitettäessä. Poista tyhjät kuorenpuolikkaat ja aseta simpukat uunipellille. Kuutioi pekoni ja varsiselleri pieniksi kuutioiksi. Paista voissa 3 minuuttia. Pienennä lämpöä ja lisää leikattu kevätsipuli, lehtipersilja ja vesikrassi. Mausta suolalla ja pippurilla. Jaa seos simpukoiden päälle ja lisää pinnalle parmesanraastetta. Paista simpukat 250-asteisen uunin ylätasolla 4 minuuttia. Leikkaa vuokaleivästä reunat pois. Leikkaa leivät 4 osaan kolmioiksi ja paista voissa pannulla kullanruskeiksi. Lisää pari tippaa Pernod'ta per simpukka ennen tarjoilua.

Mussels à la Rockefeller

This is my own version of the legendary oyster dish named after the American millionaire in which the main role is played by delicious mussels.

750 g fresh mussels
2 dl white wine
butter
6 slices of bacon
100 g celery sticks
1 dl chopped spring onion
0.5 dl chopped parsley
0.5 dl chopped watercress
sea salt and black pepper
200 g Parmesan cheese
white bread
Pernod liqueur

Scrub the mussels carefully under running cold water until clean and remove the beard. Discard any broken ones, tap any shells that are half-open, and if they do not close up throw them away, too. Measure the white wine into a broad, shallow saucepan and heat it to boiling point. Add the mussels and cook with the lid on for five minutes. Shake the saucepan gently a couple of times during cooking. Discard any mussels that have not opened up during cooking. Remove the empty halves of the shells and place the mussels on an oven tray. Cut the bacon and celery into small cubes and fry them in butter for 3 minutes. Reduce the heat and add the chopped spring onion, parsley and watercress. Season with salt and pepper, and pour this mixture onto the mussels. Sprinkle the surface with Parmesan cheese. Bake the mussels in the top of a 250°C oven for 4 minutes. Cut the crust off the bread and cut the slices diagonally into 4 small triangles each. Fry these in butter until they are a golden brown. Add a couple of drops of Pernod per mussel just before serving.

Yrttipaahdettu karitsankaree, palsternakka-päärynäpyreetä ja tummaa siiderikastiketta

1,5 kg suomalaista karitsankareeta
suolaa ja pippuria
rypsiöljyä
Dijon-sinappia
1,5 dl tuoreita yrttejä leikattuna (timjami, rakuuna, salvia)

Leikkaa pois luitten välistä ja ympäriltä kalvot ja rasva. Mausta kareet suolalla ja pippurilla, anna maustua tunnin ajan. Paista kareisiin pannulla öljyssä kaunis ruskea väri. Sivele pintaan ohuelti Dijon-sinappia ja kuorruta kareet tasaisesti leikatuilla yrteillä. Aseta kareet uunipellille toisiinsa nojaten luut ylöspäin. Paahda 80-asteisessa uunissa, kunnes lihan sisälämpötila on 58 astetta. Nosta leikkuulaudalle vetäytymään 10 minuutiksi.

Rack of lamb roasted in herbs with parsnip and pear purée and dark cider sauce

1.5 kg rack of Finnish lamb
freshly ground sea salt and black pepper
rapeseed oil
Dijon mustard
1.5 dl fresh herbs (thyme, tarragon and sage), chopped

Cut the membranes and fat away from around and between the bones of the meat. Season the meat with salt and pepper and allow to stand for an hour or so. Fry the pieces in oil in a pan until they are beautifully browned. Spread a thin layer of Dijon mustard on the surface and sprinkle evenly with the chopped herbs. Arrange the meat on an oven tray so that the pieces are leaning against each other with their rib bones uppermost. Roast in an 80°C oven until the temperature inside the meat is 58°. Take them out onto a carving board to stand for 10 minutes.

﹀ Sinisimpukat à la Rockefeller

﹀ Mussels à la Rockefeller

Palsternakka-päärynäpyree:

800 g palsternakkaa kuorittuna
500 g päärynää kuorittuna
vettä
100 g voita
suolaa

Poista päärynöistä siemenet ja kota. Kuutioi päärynät ja palsternakat. Mittaa kattilaan palsternakat ja vettä siten, että pinta ylittää kuutiot parilla sentillä. Keitä 5 minuuttia, lisää päärynät ja jatka keittämistä vielä 5 minuuttia. Kaada kuutiot siivilään ja valuta hyvin. Survo kuutiot kulhossa käsisurvimella ja puristele pyree vielä siivilän läpi kattilaan. Lämmitä hieman ja sekoita joukkoon pehmeä voi nokareina. Mausta suolalla.

Tumma siiderikastike:

6 dl karitsan lihalientä
4 dl päärynäsiideriä
0,5 dl valkoista balsamiviinietikkaa
suolaa

Valmista liemi sivun 110 ohjeen mukaisesti korvaamalla peuran luut karitsan liemiluilla. Mittaa kattilaan ainekset ja keitä kokoon, kunnes jäljellä on vajaa puolet. Mausta suolalla.

Kotimaista huippuluokan karitsaa kannattaa tiedustella lihakauppiaalta. Hyvin varustelluista vähittäiskaupoista sitä on saatavilla läpi vuoden. Suositaan suomalaista!

Parsnip and pear purée:

800 g parsnip, peeled
500 g pears, peeled
water
100 g butter
freshly ground sea salt

Cut out the seeds and cores of the pears. Dice the pears and parsnips. Put the parsnip cubes into a saucepan with enough water to rise a couple of centimetres above them. Cook for 5 minutes, then add the pears and cook for another 5 minutes. Tip the cubes into a sieve and drain well. Reduce the cubes to a pulp with a hand masher in a bowl and then strain this pulp through a sieve into a saucepan. Heat a little and mix in a few knobs of soft butter. Season with salt.

Dark cider sauce:

6 dl lamb stock
4 dl pear cider
0.5 dl white balsamico vinegar
freshly ground sea salt

Prepare the lamb stock according to the recipe on p. 110, using lamb bones instead of venison bones. Measure the ingredients into a saucepan and reduce to just under a half of the original volume over a moderate heat. Season with salt.

It is worth asking your butcher for first-class local lamb. It should be available from well-stocked retailers all the year round. In Finland we favour Finnish lamb above all else!

Sitruunainen panna cotta ja Ginger Ale -kiisseliä

Panna cotta:

3 dl kuohukermaa
2 dl maitoa
2–3 sitruunaa
1 dl sokeria
1 vaniljatanko
5 liivatelehteä

Pese sitruunat kuumalla vedellä hyvin. Raasta sitruunankuorta sitrusraudalla noin ruokalusikallisen verran. Mittaa kattilaan kerma, maito, 1 dl sitruunanmehua, sitruunankuori ja sokeri. Halkaise vaniljatanko pituussuunnassa ja kaavi sisus varovasti pienellä veitsellä kattilaan. Kiehauta seos ja lisää liotetut liivatteet. Siivilöi ja laita panna cotta annosmuoteissa jääkaappiin hyytymään yön yli tai ainakin 6 tunniksi. Pidä muottia juoksevan lämpimän veden alla hetki, jotta saat kumottua panna cottan lautaselle.

Ginger Ale -kiisseli:

1 l Ginger Alea
1–1,5 dl sokeria
perunajauhoja
vettä

Keitä ginger alea kasaan, kunnes jäljellä on noin puolet. Lisää sokeria. Liota pari ruokalusikallista perunajauhoja vesitilkkaan ja suurusta kiisseli. Jäähdytä.

Lemon panna cotta with ginger ale kissel

Panna cotta:

3 dl whipping cream
2 dl milk
2–3 lemons
1 dl sugar
1 vanilla pod
5 leaves of gelatine

Wash the lemons well in hot water. Grate off about a tablespoonful of rind. Measure the cream, milk, 1 dl of lemon juice, the grated lemon rind and the sugar into a saucepan. Split the vanilla pod lengthways and scoop out the contents into the saucepan carefully with a small knife. Bring the mixture to the boil and add the soaked gelatine leaves. Strain and pour the panna cotta into individual moulds. Place in a fridge overnight or for at least 6 hours to set. Hold each mould under running hot water for a moment in order to be able to turn the panna cotta out onto a plate.

Ginger ale kissel:

1 litre ginger ale
1–1.5 dl sugar
potato flour
water

Boil the ginger ale until it has been reduced to about half its original volume. Add the sugar. Dissolve a couple of tablespoonsful of potato flour in a drop of water and add to the liquid to stiffen it to a kissel. Cool before serving.

Keväällä keveää ja värikästä

- SAVUSTETTUA VASIKANPAISTIA JA KUMKVATTIHILLOKETTA
- UUNISSA PAISTETTUA MERIBASSIA JA GRILLATTUA PARSAA
- TOKAJISABAYONILLA KUORRUTETTUJA HEDELMIÄ

Spring – a time for light, colourful food

- SMOKED RUMP OF VEAL WITH KUMQUAT COMPOTE
- OVEN-BAKED SEA BASS WITH GRILLED ASPARAGUS
- FRUIT GLAZED WITH TOKAJI ZABAGLIONE

Savustettua vasikanpaistia ja kumkvattihilloketta

600 g vasikan sisäpaistia
suolaa

Mausta paisti suolalla ja savusta miedolla lämmöllä 20 minuuttia. Aseta paisti uunivuokaan ja paista 80-asteisessa uunissa, kunnes lihan sisälämpötila on 50 astetta. Kääri paisti tuorekelmuun ja laita jääkaappiin 3–4 tunniksi.

Kumkvattihilloke:

200 g kumkvatteja
1 dl valkoviiniä
0,5 dl vettä
2 dl sokeria

Pese kumkvatit hyvin kuumalla vedellä. Viipaloi kumkvatit 3 mm viipaleiksi. Mittaa kaikki ainekset kattilaan ja keitä miedolla lämmöllä 20–25 minuuttia. Jäähdytä.

Tarjoa tämän ruoan kanssa raikasta vihersalaattia.

Smoked rump of veal with kumquat compote

600 g rump of veal
freshly ground sea salt

Season the joint of meat with salt and smoke it for 20 minutes at a mild temperature. Place it in an oven dish and roast it in an 80°C oven until the temperature at its centre is 50°. Wrap it in cling foil and place it in a refrigerator for 3–4 hours.

Kumquat compote:

200 g kumquats
1 dl white wine
0.5 dl water
2 dl sugar

Wash the kumquats well in hot water and cut them into 3 mm slices. Measure all the ingredients into a saucepan and cook over a gentle heat for 20–25 minutes. Allow to cool.

Serve this dish with a fresh green salad.

Uunissa paistettua meribassia ja grillattua parsaa

Meribassi on yksi maukkaimmista kaloista, joita tiedän. Ja hyvä tuore parsa on vihannesten aatelia. No, juuri muuta ei sitten tarvitakaan...

6 kokonaista meribassia noin 350 g/kpl
suolaa
oliiviöljyä

Perkaa kalat ja leikkaa päät pois. Tee molemmin puolin fileisiin sentin välein viillot terävällä veitsellä. Mausta kalat suolalla ja anna maustua tunnin ajan. Hiero kalojen pintaan hiukan oliiviöljyä ja paista 220-asteisessa uunissa 10 minuuttia.

Oven-baked sea bass with grilled asparagus

Sea bass is one of the tastiest fishes that I know of, and perfectly fresh asparagus is an aristocrat among vegetables. So there is nothing more that you need…

6 whole sea bass weighing about 350 g each
freshly ground sea salt
olive oil

Clean the fish and cut off the heads. Make cuts at one centimetre intervals across both sides of the fillets. Season the fish with salt and allow to stand for about an hour for the seasoning to sink in. Rub a little olive oil into the surface of the fish and bake them in a 220°C oven for 10 minutes.

Grillattua parsaa:

1 kg tasakokoista valkoista parsaa
1 kg tasakokoista vihreää parsaa
2 l vettä
karkeaa merisuolaa
voisulaa

Leikkaa parsoista 3–4 cm pala pois tyvestä. Kuori parsat mutta jätä nuppu ehjäksi. Mittaa laakeaan kattilaan vesi ja mausta merisuolalla. Keitinvesi pitää olla maistettaessa voimakkaan suolaista. Laita hellan viereen valmiiksi laakea jäävesikulho. Keitä parsat kahdessa erässä. Valkoisia keitetään 6–8 minuuttia ja vihreitä 4–6 minuuttia koosta riippuen. Älä ylikypsennä parsoja vaan jätä ne hieman jäykiksi. Nosta parsat kattilasta reikäkauhalla jäävesikulhoon, jotta kypsyminen pysähtyy. Valuta jäähtyneet parsat ja kuivaa liinalla tai talouspaperilla. Sivele parsat pullasudilla kevyesti voisulalla. Grillaa parsat nopeasti molemmin puolin kuumalla parilapannulla tai ulkogrillissä. Tarjoiltaessa lisää 2–3 rkl voisulaa annosta kohden.

Grilled asparagus:

1 kg even-sized stalks of white asparagus
1 kg even-sized stalks of green asparagus
2 litres water
coarse sea salt
melted butter

Cut about 3–4 centimetres off the bottom of each stalk of asparagus. Peel the stalks but leave the tips intact. Measure the water into a broad, shallow saucepan and add sea salt. The water for boiling the asparagus should be very salty to the taste. Have a wide dish of iced water ready next to the stove. Cook the asparagus in two batches, the white stalks for 6–8 minutes and the green ones for 4–6 minutes depending on their size. Don't overcook them but leave them very slightly crisp. Lift them out of the water with a perforated spoon and drop them straight into the iced water to stop them from cooking any further. Drain the asparagus once it has cooled and dry it with a cloth or piece of kitchen paper. Brush the stalks lightly with melted butter, then grill them lightly on both sides in a hot griddle pan or on an outdoor barbeque. Add 2–3 tbsp of melted butter to each portion as you serve it.

Tokajisabayonilla kuorrutettuja hedelmiä

750 g hedelmiä kuorittuna
(mango, hunajameloni, kiivi, ananas)
1 dl sokeria
1 dl vettä

Leikkaa hedelmät kulhoon 1,5 x 1,5 cm kuutioiksi. Mittaa kattilaan sokeri ja vesi. Kiehauta ja kaada kuuma sokeriliemi hedelmien päälle. Laita jääkaappiin 3 tunniksi ja sekoita pari kertaa sinä aikana.

Tokajisabayon:

5 keltuaista
1,5 dl sokeria
1 dl valkoviiniä
1 dl tokajiviiniä

Mittaa pyöreäpohjaiseen teräskulhoon sokeri ja keltuaiset. Aseta kulho pienemmän kattilan päälle, jonka pohjalla on pari senttiä hiljalleen kiehuvaa vettä. Vatkaa keltuaiset ja sokeri sekaisin ja lisää viinit muutamassa erässä. Saosta kastike koko ajan sekoittaen. Laita kulho jäävesiastiaan ja vatkaa kastike kylmäksi. Annostele sabayonia hedelmien päälle ja kuorruta pinta käsikaasupolttimella.

Fruit glazed with Tokaji zabaglione

750 g fruit (mango, honeydew melon,
kiwi fruit, pineapple etc.), peeled
1 dl sugar
1 dl water

Cut the fruit into 1.5 x 1.5 cm cubes and place in a bowl. Measure the sugar and water into a saucepan. Bring to the boil and pour over the fruit. Place in a refrigerator for 3 hours and mix the fruit once or twice during this time.

Tokaji zabaglione:

5 egg yolks
1.5 dl sugar
1 dl white wine
1 dl Tokaji wine

Measure the sugar and eggs into a round-bottomed stainless steel bowl and place this on top of a smaller saucepan containing a couple of centimetres of gently simmering water. Beat the egg yolks and sugar together and add the wines a little at a time. Allow the sauce to thicken, stirring it all the time. Move the bowl to a dish full of iced water and continue beating the sauce as it cools. Serve the zabaglione out onto the portions of fruit and form a crust on the surface with a hand-held gas burner.

Illallismenyy kesäkuulta 2006

- KEITETTYÄ PARSAA JA KANANMUNA-PÄHKINÄKASTIKETTA
- PAAHDETTUA RUIJANPALLASTA JA TOMAATTI-VALKOVIINIKASTIKETTA
- KUOHUVIINISORBETTIA JA MARJOJA

A dinner served in June 2006

- BOILED ASPARAGUS WITH EGG AND NUT SAUCE
- BAKED HALIBUT IN TOMATO AND WHITE WINE SAUCE
- SPARKLING WINE SORBET WITH FRESH BERRIES

Keitettyä parsaa ja kananmuna-pähkinäkastiketta

Sain maistaa vuonna 2000 Belgiassa elämäni parasta parsan kastiketta. Oma versioni siitä, olkaa hyvä!

1,5 kg valkoista parsaa

Käsittele parsat s. 135 ohjeen mukaisesti, mutta älä jäähdytä vaan tarjoa heti keittämisen jälkeen.

6 kananmunaa
voita
0,25 dl vehnäjauhoja
1 dl vettä
2 dl kuohukermaa
1 dl pähkinärouhetta
0,25 dl valkoviinietikkaa
0,5 dl voisulaa
dijon-sinappia
suolaa ja pippuria
persiljaa

Laita kananmunat kiehuvaan veteen ja keitä 5 minuuttia. Jäähdytä kylmässä vedessä. Kuori kananmunat ja hienonna ne haarukalla tasaisesti. Sulata kattilassa pari nokaretta voita ja sekoita vehnäjauhot siihen. Lisää vesi ja kerma. Keitä muutama minuutti. Lisää hienonnettu kananmuna, pähkinärouhe, sinappi ja valkoviinietikka. Mausta kastike suolalla ja pippurilla. Ota kattila pois hellalta ja lisää voisula tipoittain kastikkeeseen. Sekoita lopuksi hienonnettua persiljaa kastikkeeseen.

Boiled asparagus with egg and nut sauce

The best sauce for asparagus that I ever tasted was in Belgium in 2000. This is my own version of that sauce.

1.5 kg white asparagus

Prepare the asparagus as in the recipe on p. 135, but serve immediately after cooking, without cooling it down.

6 eggs
butter
0.25 dl plain flour
1 dl water
2 dl whipping cream
1 dl finely chopped nuts
0.25 dl white wine vinegar
0.5 dl melted butter
Dijon mustard
freshly ground sea salt
and black pepper
parsley

Drop the eggs into boiling water and boil them for 5 minutes. Cool them down in cold water, peel them and mash them evenly with a fork. Melt a couple of knobs of butter in a saucepan and mix in the flour. Add the water and cream. Cook for a few minutes. Add the mashed egg, ground nuts, mustard and white wine vinegar. Season the sauce with salt and pepper. Take the saucepan off the stove and add the melted butter to the sauce drop by drop. Finally mix in the chopped parsley.

Paahdettua ruijanpallasta ja tomaatti-valkoviinikastiketta

1,2 kg ruijanpallasta fileenä
rypsiöljyä
suolaa ja pippuria

Leikkaa fileistä 6 tasakokoista annospalaa ja mausta suolalla ja pippurilla. Paista öljyssä kuumalla pannulla ensin nahkapuoli alaspäin 2–3 minuuttia. Käännä palat ja paista vielä 2 minuuttia. Anna vetäytyä 5 minuuttia.

Tomaatti-valkoviinikastike:

1–2 salottisipulia
2–3 tomaattia
3 dl valkoviiniä
0,5 dl valkoviinietikkaa
2 laakerinlehteä
3 dl kuohukermaa
voita
suolaa ja pippuria
ruohosipulia

Tee tomaatteihin pintaviillot ristiin. Käytä tomaatteja kiehuvassa vedessä 15 sekuntia. Poista tomaateista kuori, leikkaa ne neljään lohkoon ja poista siemenet. Leikkaa tomaatinliha 0,5 x 0,5 cm kuutioiksi. Leikkaa salottisipuli pieniksi kuutioiksi. Sulata kattilassa nokare voita ja kuullota sipuleja siinä pari minuuttia. Lisää valkoviini, valkoviinietikka ja laakerinlehdet. Keitä miedolla lämmöllä 15 minuuttia. Lisää kerma ja keitä kokoon, kunnes jäljellä on noin puolet. Lisää tomaattikuutiot ja mausta kastike. Vatkaa lopuksi joukkoon pari nokaretta pehmeää voita ja leikattu ruohosipuli.

Baked halibut in tomato and white wine sauce

1.2 kg halibut fillets
rapeseed oil
freshly ground sea salt
and black pepper

Cut the fish into 6 evenly sized pieces and season with salt and pepper. Fry in oil in a hot pan, skin side down, for 2–3 minutes, turn and fry for a further 2 minutes. Allow to stand for 5 minutes.

Tomato and white wine sauce:

1–2 shallots
2–3 tomatoes
3 dl white wine
0.5 dl white wine vinegar
2 bay leaves
3 dl whipping cream
butter
freshly ground sea salt
and black pepper
chives

Cut criss-cross incisions in the skin of the tomatoes, dip them in boiling water for 15 seconds and then skin them, cut them into four segments and remove the seeds. Cut the flesh of the tomatoes into 0.5 x 0.5 cm cubes. Then cut the shallots into small cubes, melt a knob of butter in a saucepan and lightly fry the shallots in it for a couple of minutes. Add the white wine, vinegar and bay leaves, and cook these together on a gentle heat for 15 minutes. Add the cream and boil further until the mixture has been reduced in volume by about half. Add the cubes of tomato and season the sauce. Finally stir in a couple of knobs of soft butter and the chopped chives.

Kuohuviinisorbettia ja marjoja

2 dl vettä	*4 dl kuohuviiniä*
2 dl sokeria	*1 sitruunan mehu*
0,5 dl hunajaa	*1 liivatelehti*

Mittaa kattilaan vesi, sokeri ja hunaja. Kiehauta ja lisää kuohuviini, sitruunanmehu ja liotettu liivatelehti. Pyöritä jäätelökoneessa sorbetiksi.

Sparkling wine sorbet with fresh berries

2 dl water	*4 dl sparkling wine*
2 dl sugar	*juice of 1 lemon*
0.5 dl honey	*1 leaf of gelatine*

Measure the water, sugar and honey into a saucepan. Bring to the boil and add the sparkling wine, lemon juice and soaked leaf of gelatine. Mix to a sorbet in an ice-cream maker.

Liivatelehti sorbetissa on oiva apulainen. Se ei maistu eikä tunnu, mutta se hidastaa sorbetin sulamista mukavasti.

A leaf of gelatine is a useful help when making a sorbet. You don't notice it and can't taste it, but it stops the sorbet from melting too quickly.

Lounas Norjan kuningas Harald V:n valtiovierailun kunniaksi 5.6.2007

- SAVUANKERIASKEITTOA
- VASIKAN PAAHTOFILEE,
  HUHTASIENIÄ JA TIMJAMIKASTIKETTA
- TUOREJUUSTOTORTTUA,
  RAPARPERIA JA MOKKAKINUSKIA

Lunch in honour of the state visit of H.M. Harald V of Norway

- SMOKED EEL SOUP
- ROAST LOIN OF VEAL,
  WITH MORELS AND THYME SAUCE
- CHEESECAKE WITH RHUBARB
  AND MOCHA TOFFEE SAUCE

Savuankeriaskeitto

Valmista keitto s. 121 madekeiton ohjeen mukaisesti. Voit mateenruotojen tilalla käyttää muita vaalean kalan ruotoja esim. kuha, ahven. Varaa savuankeriasta 500 g ja lisää se lopuksi kuutioituna keittoon.

Vasikan paahtofilee, huhtasieniä ja timjamikastiketta

900 g vasikan sisäfilettä
rypsiöljyä
suolaa
400 g huhtasieniä
300 g pieniä salottisipuleja
voita

Poista fileestä kalvot. Paista pannulla öljyssä fileeseen väri ja mausta suolalla. Anna maustua tunnin ajan. Paista filee 80-asteisessa uunissa, kunnes lihan sisälämpötila on 50 astetta. Anna vetäytyä 10 minuuttia ennen leikkaamista. Kuori tasakokoiset salottisipulit siten, että kanta jää ehjäksi. Leikkaa sipulit neljään osaan ja kuullota voissa parisen minuuttia. Nosta lämpöä ja paista kokonaiset huhtasienet sipulien kanssa nopeasti ja mausta suolalla.

Smoked eel soup

Prepare as for burbot soup, p. 121, using the bones of some other white freshwater fish such as perch or pikeperch instead of the burbot bones. Set aside 500 g of smoked eel, cut it into cubes and add it to the soup at the end.

Roast fillet of veal with morels and thyme sauce

900 g fillet of veal
rapeseed oil
ground sea salt
400 g morels
300 g small shallots
butter

Remove the membranes from the meat. Brown the meat in oil in a frying pan and season with salt. Allow the seasoning to sink in for about an hour. Roast in an 80°C oven until the temperature at the centre of the meat is 50°. Allow to stand for 10 minutes before slicing. Peel the evenly sized shallots so that the base remains intact, then cut them each into four pieces and lightly fry them in butter for a couple of minutes. Increase the heat and quickly fry the morels whole together with the shallots. Season with salt.

Timjamikastike:

6 dl lihalientä
3 dl punaviiniä
0,5 dl punaviinietikkaa
suolaa
sokeria
3–4 timjaminoksaa

Valmista lihaliemi s. 110 ohjeen mukaisesti korvaamalla peuran luut naudan liemiluilla. Mittaa kattilaan lihaliemi, punaviini, punaviinietikka ja timjaminoksat. Keitä kastiketta, kunnes jäljellä on noin puolet. Poista timjaminoksat ja mausta kastike suolalla ja sokerilla.

Thyme sauce:

6 dl meat stock
3 dl red wine
0.5 dl red wine vinegar
freshly ground sea salt
sugar
3–4 sprigs of thyme

Prepare the meat stock according to the recipe on p. 110 but using beef marrow bones instead of venison bones. Measure the stock, wine and vinegar into a saucepan and add the thyme. Cook the sauce until it has been reduced in volume by about half. Remove the sprigs of thyme and season the sauce with salt and sugar.

Tuorejuustotorttua, raparperia ja mokkakinuskia

Pohja:

100 g (7 kpl) digestive-keksejä
75 g voita
0,75 dl sokeria

Hienonna keksit monitoimikoneessa. Lisää sokeri ja sulatettu voi. Leikkaa pienen irtopohjavuoan (halkaisija 22 cm) kokoinen pala leivinpaperia ja aseta vuoan pohjalle. Painele taikina tasaisesti vuokaan.

Täyte:

250 g tuorejuustoa
0,75 dl sokeria
0,25 dl aito vaniljasokeri
2 dl kuohukermaa
4 liivatelehteä

Vatkaa tuorejuusto, sokeri ja vaniljasokeri kuohkeaksi. Vatkaa kerma vaahdoksi. Sulata liotetut liivatelehdet tilkassa kuumaa vettä. Yhdistä tuorejuusto-sokerimassa, kermavaahto ja lopuksi sulatetut liivatteet. Kaada massa vuokaan siten, että pinta jää erittäin tasaiseksi. Hyydytä jääkaapissa 3 tuntia.

Cheesecake with rhubarb and Mocha toffee sauce

For the base:

7 digestive biscuits (about 100 g)
75 g butter
0.75 dl sugar

Grind the biscuits in a multipurpose mixer. Add the sugar and melted butter. Line the removable bottom of a small tart dish (diameter 22 cm) with a piece of greaseproof paper and press the mixture evenly into the dish.

For the filling:

250 g cottage cheese
0.75 g sugar
0.25 dl vanilla sugar
2 dl whipping cream
4 leaves of gelatine

Beat the cottage cheese, sugar and vanilla sugar together into a light foam. Whip the cream to a froth. Melt the gelatine leaves in a drop of hot water. Combine the cottage cheese and sugar mixture with the whipped cream and finally stir in the gelatine. Pour into the tart dish so that the surface is extremely even. Allow to set in a refrigerator for 3 hours.

Kiille:

2 dl sokeroitua vadelmamehua
2 liivatelehteä

Kiehauta vadelmamehu ja lisää liotetut liivatteet. Kaada hitaasti juustokakun päälle. Hyydytä kakkua vielä 3 tuntia.

Raparperi:

300 g raparperia
voita
0,5 dl ruokosokeria

Leikkaa raparperista viistosti 5 cm pitkiä paloja. Leikkaa paksuimmat osat pituussuunnassa puoliksi. Sulata pannussa hieman voita. Laita pannulle raparperit ja ruokosokeri. Paista varovasti käännellen pari minuuttia.

Mokkakinuski:

3 dl kuohukermaa
3 dl sokeria
pikakahvijauhetta
voita

Mittaa kattilaan kerma ja sokeri. Keitä miedolla lämmöllä, kunnes kinuski on sopivan paksua ja kauniin ruskeaa. Mausta kinuski pikakahvijauheella, sekoita hyvin ja lisää lopuksi joukkoon pari nokaretta pehmeää voita.

For the glaze:

2 dl sugared raspberry juice
2 leaves of gelatine

Bring the raspberry juice to the boil and add the soaked leaves of gelatine. Pour gently over the surface of the tart. Allow to set for another 3 hours.

Rhubarb:

300 g rhubarb
butter
0.5 dl cane sugar

Cut the rhubarb at an angle into pieces about 5 cm long. Cut the thicker pieces in two lengthways. Melt a little butter in a pan and add the rhubarb and sugar. Fry gently for a couple of minutes, turning the rhubarb all the time.

Mocha toffee sauce:

3 dl whipping cream
3 dl sugar
instant coffee powder
butter

Measure the cream and sugar into a saucepan. Cook over a gentle heat until the toffee sauce is a suitable thickness and has a beautiful brown colour. Flavour the sauce with the coffee powder, stir well and finally add a couple of knobs of soft butter.

Lounas Georgian presidentin Mikheil Saakašvilin valtiovierailun kunniaksi 11.10.2007

- KUOHKEAA JOKIRAPUKEITTOA
- SAVUSTETTUA SORSAA, HERKKUTATTEJA JA PIHLAJANMARJAKASTIKETTA
- TYRNI-VALKOSUKLAAPARFAIT

Lunch on the occasion of the state visit of H.E. Mikheil Saakashvili, President of Georgia

- FOAMY CRAYFISH SOUP
- SMOKED DUCK WITH PENNY BUN MUSHROOMS AND ROWANBERRY SAUCE
- SEA BUCKTHORN AND WHITE CHOCOLATE PARFAIT

Jokirapukeitto

12 kpl suomalaisia jokirapuja elävänä
1,5 l vettä
40 g karkeaa merisuolaa
5 dl juureksia pilkottuna (porkkana, palsternakka, selleri, sipuli)
2 laakerinlehteä
kokonaisia maustepippureita
1 tillipuntti
voita
0,5 dl vehnäjauhoja
1 dl kuohukermaa
ruohosipulia

Mittaa kattilaan puolet tillistä ja kaikki muut ainekset rapuja lukuun ottamatta. Keitä miedolla lämmöllä 20 minuuttia. Siivilöi liemi toiseen kattilaan ja nosta lämpöä. Laske ravut varovasti kiehuvaan veteen ja keitä 5 minuuttia. Jäähdytä ravut liemineen jäävesiastiassa. Kuori ravut ja ota huolellisesti talteen lihat pyrstöistä ja saksista. Leikkaa lihat pieniksi kuutioiksi. Sulata kattilassa hieman voita ja sekoita vehnäjauhot siihen. Kaada rapujen keitinlientä litran verran ja keitä miedolla lämmöllä 10 minuuttia. Vatkaa kerma löysäksi vaahdoksi. Ota kattila pois hellalta ja sekoita kermavaahto joukkoon. Tarkista keiton maku ja lopuksi lisää kuutioidut ravunlihat, leikattua ruohosipulia ja tilliä.

Crayfish soup

12 Finnish crayfish, live
1.5 litres water
40 g coarse sea salt
5 dl root vegetables (carrots, parsnips, celeriac, onions), cut into pieces
2 bay leaves
some whole allspice
1 bunch of dill
butter
0.5 dl plain flour
1 dl whipping cream
chives

Place half of the dill in a saucepan together with all the other ingredients except for the crayfish. Cook over a gentle heat for 20 minutes. Strain the liquid into another saucepan and increase the heat. Drop the crayfish carefully into the boiling liquid and cook for 5 minutes. Cool the crayfish in the liquid over a dish of iced water. Skin the crayfish and carefully extract all the meat from the tail and claws and cut it into small cubes. Melt a little butter in a saucepan and mix the flour into it. Pour in about a litre of the liquid in which the crayfish were cooked and allow to simmer over a gentle heat for 10 minutes. Whip the cream to a loose froth. Take the saucepan off the heat and mix in the cream. Check the soup for taste and finally add the cubes of crayfish meat with the chives and the remainder of the dill, both finely chopped.

Savustettua sorsaa, herkkutatteja ja pihlajanmarjakastiketta

3 tasakokoista suomalaista villisorsaa
suolaa
0,5 dl hunajaa
2 dl vettä

Mausta sorsat kauttaaltaan suolalla, myös sisäpuolelta. Anna maustua tunnin ajan. Sekoita keskenään hunaja ja lämmin vesi. Savusta sorsia miedolla lämmöllä 20 minuuttia. Leikkaa sorsista irti koipipalat ja aseta ne pieneen uunivuokaan. Valele koipien päälle 1 dl hunajavettä, peitä foliolla ja paista 120-asteisessa uunissa 2 tuntia. Leikkaa sorsista irti rintafileet, jätä siipiluu kiinni fileisiin. Paista 80-asteisessa uunissa siten, että lihan sisälämpötila on 55 astetta. Valele sorsia hunajavedellä paistamisen aikana pari kertaa. Anna vetäytyä leikkuulaudalla 5 minuuttia.

Herkkutatit:

300 g pieniä herkkutatteja
voita
suolaa

Leikkaa tatit pitkittäin 0,5 cm viipaleiksi. Sulata parilapannulla hieman voita ja paista tatteihin kauniit raidat molemmin puolin. Mausta suolalla.

Smoked duck with penny bun mushrooms and rowanberry sauce

3 even-sized Finnish wild ducks
freshly ground sea salt
0.5 dl honey
2 dl water

Season the ducks with salt all over, including their insides. Allow to stand for about an hour. Mix the honey and warm water together. Smoke the ducks at a mild heat for 20 minutes. Cut away the legs and place them in a small oven dish. Pour 1 dl of the mixture of honey and water over the legs, cover them with aluminium foil and roast in a 120°C oven for 2 hours. Cut the breast fillets off the ducks with the wing bones attached to them and roast these in an 80°C oven until the temperature at their centre is 55°. Baste the ducks with the honey water a couple of times while they are cooking. Allow to stand on a carving board for 5 minutes.

Penny bun mushrooms:

300 g small penny bun mushrooms (Boletus edulis)
butter
freshly ground sea salt

Cut the mushrooms lengthways into 0.5 cm slices. Melt a little butter in a griddle pan and fry the mushrooms until they have beautiful brown stripes on both sides. Season with salt.

Pihlajanmarjakastike:

Valmista kastike s. 110 ohjeen mukaisesti siten, mutta korvaa mustaherukkahyytelö pihlajanmarjahyytelöllä.

Tyrni-valkosuklaaparfait

180 g valkosuklaata
1 vaniljatanko
1 dl sokeria
6 keltuaista
3 dl kuohukermaa
1,5 dl tyrnimehua

Sulata valkosuklaa hitaasti vesihauteessa. Halkaise vaniljatanko pituussuunnassa ja kaavi sisus varovasti pienellä veitsellä pyöreäpohjaiseen kulhoon. Mittaa samaan kulhoon keltuaiset ja sokeri. Vatkaa vaahdoksi. Vatkaa kerma vaahdoksi. Valuta valkosuklaa keltuaissokerivaahtoon koko ajan vatkaten. Yhdistä seos kermavaahdon kanssa. Sekoita lopuksi tyrnimehu joukkoon. Kaada massa vuokaan ja jäädytä pakkasessa yön yli tai vähintään 6 tuntia.

Tyrnikastike:

2 dl tyrnimehua
1,5 dl sokeria
1–2 rkl ohrakasta

Mittaa kattilaan 1,5 dl tyrnimehua ja sokeri. Kiehauta. Liota ohrakas loppuun tyrnimehuun ja suurusta kastike.

Rowanberry sauce:

Prepare the sauce as described on p. 110, replacing the blackcurrant jelly with rowanberry jelly.

Sea buckthorn and white chocolate parfait

180 g white chocolate
1 vanilla pod
1 dl sugar
6 egg yolks
3 dl whipping cream
1.5 dl sea buckthorn juice

Melt the white chocolate slowly in a water bath. Split the vanilla pod lengthways down the centre and extract the contents into a bowl carefully with a small knife. Place the egg yolks and sugar in the same bowl and beat to a froth. Whip the cream to a froth. Pour the melted white chocolate into the egg and sugar mixture, stirring all the time. Combine this with the whipped cream. Finally add the sea buckthorn juice. Transfer to the serving dish and place in a freezer overnight or for at least 6 hours.

Sea buckthorn sauce:

2 dl juice from sea buckthorn berries
1.5 dl sugar
1–2 tbsp barley flour for thickening

Measure the sugar and 1.5 dl of the sea buckthorn juice into a saucepan and bring to the boil. Dissolve the barley flour in the rest of the juice and use this to thicken the sauce.

Lounas Armenian presidentin Robert Kotšarjanin valtiovierailun kunniaksi 6.11.2007

- SAVUSTETTUA NIERIÄÄ JA KAMPASIMPUKKAMOUSSEA
- KOKONAISENA PAISTETTU HIRVENFILEE JA RIISTAKASTIKETTA
- CRÈME BRÛLÉE JA KARPALOSIIRAPPIA

Lunch on the occasion of the state visit of H.E. Mr Robert Kocharian, President of the Republic of Armenia

- SMOKED ARCTIC CHARR WITH SCALLOP MOUSSE
- FILLET OF ELK ROASTED WHOLE WITH GAME SAUCE
- CRÈME BRÛLÉE WITH CRANBERRY SYRUP

Savustettua nieriää ja kampasimpukkamoussea

1 kg nieriäfileetä suolaa

Leikkaa pois nieriäfileestä ohut vatsaosa rasvoineen. Leikkaa fileestä viistosti 2,5 x 15 cm annospaloja. Mausta suolalla ja anna maustua tunnin ajan. Käännä palojen päät toistensa yli ristiin. Jätä nahkapuoli ulospäin. Savusta miedolla lämmöllä siten, että paksuimmasta kohdasta mitattuna nieriän sisälämpötila on 50 astetta.

Kampasimpukkamousse:

300 g kampasimpukan lihaa
2,5 dl vettä
2,5 dl valkoviiniä
½ sipuli
2 laakerinlehteä
1–2 tillinvartta oksineen
50 g ranskankermaa
1 limetti
suolaa ja pippuria
1 liivatelehti

Mittaa kattilaan vesi, valkoviini, pilkottu sipuli, laakerinlehdet ja tillinvarret. Keitä lientä miedolla lämmöllä puoli tuntia. Lisää nestettä hieman keittämisen aikana. Siivilöi liemi. Keitä kampasimpukoita liemessä 6 minuuttia. Nosta kampasimpukat siivilässä jääkaappiin jäähtymään pariksi tunniksi. Soseuta kampasimpukat tehosekoittimessa sileäksi massaksi. Mausta suolalla ja pippurilla. Lisää ranskankerma ja puolikkaan limetin mehu. Sekoita nopeasti keskenään. Lopuksi lisää liotettu ja lusikallisessa vettä sulatettu liivatelehti. Tarkista maku. Kaada massa sopivaan astiaan ja laita jääkaappiin vähintään kolmeksi tunniksi.

Smoked arctic charr with scallop mousse

1 kg arctic charr fillets
freshly ground sea salt

Cut away the fatty underside of the fillets. Cut the fillets at an angle into 2.5 x 15 cm portions, season with salt and allow to stand for about an hour. Place the pieces with their ends overlapping and with the skin side facing upwards. Smoke the fish in a gentle heat until the temperature in the thickest part of each piece is 50°C.

Scallop mousse:

300 g scallop flesh
2.5 dl water
2.5 dl white wine
½ onion
2 bay leaves
1–2 stems of dill with branches
50 g crème fraîche
1 lime
freshly ground sea salt and black pepper
1 leaf of gelatine

Measure the water, white wine, chopped onion, bay leaves and dill into a saucepan and allow to boil for half an hour over a gentle heat to form a stock. Add a little more liquid during cooking. Strain the stock and cook the scallops in it for 6 minutes. Lift them out in a sieve and place them in a refrigerator for a couple of hours to cool. Reduce the scallops to a smooth pulp in a liquidizer and season with salt and pepper. Add the crème fraîche and the juice of half of the lime and stir these in briskly. Finally soak the gelatine, melt it in a spoonful

Kokonaisena paistettu hirvenfilee ja riistakastiketta

1 hirven sisäfilee n. 1,5 kg
voita
suolaa

Leikkaa hirvenfileestä pois kaikki kalvot ja rasvat. Poista myöskin varovasti fileen paksummasta päästä "klunssipala". Sulata pannussa hieman voita ja ruskista filee kauttaaltaan. Mausta suolalla ja anna maustua tunnin ajan. Paista filee 80-asteisessa uunissa, kunnes lihan sisälämpötila on 55 astetta. Anna vetäytyä leikkuulaudalla 10 minuuttia. Leikkaa fileen paksummasta osasta hieman viistosti 1,5 cm viipaleita.

Riistakastike:

1 l riistalientä
suolaa
sokeria

Valmista riistaliemi s. 110 ohjeen mukaisesti. Mittaa kattilaan riistaliemi ja keitä kokoon, kunnes jäljellä on noin kolmannes. Mausta suolalla ja hyppysellisellä sokeria.

of water and add it to the mousse. Check for taste and then pour the mousse into a serving dish and store in the refrigerator for at least three hours.

Fillet of elk roasted whole with game sauce

1 fillet of elk, about 1.5 kg
butter
freshly ground sea salt

Remove all the membranes and fat from the meat, and carefully cut out the "butt" at its thicker end. Melt a little butter in a frying pan and brown the meat all over. Season with salt and allow to stand for an hour. Roast the fillet whole in an 80°C oven until the inside temperature reaches 55°. Allow to stand on a carving board for 10 minutes before cutting 1.5 cm slices from it slightly at an angle, beginning at the thicker end.

Game sauce:

1 litre venison stock
freshly ground sea salt
sugar

Prepare the venison stock according to the recipe on p. 110. Measure the stock into a saucepan and reduce to about a third of its initial volume. Season with salt and a pinch of sugar.

Crème brûlée ja karpalosiirappia

Yksi maailman kuuluisimmista ruokalajeista saa tässä ohjeessa kaverikseen pirteän karpalosiirapin. Crème brûlée eli paahtokermavanukas on mielestäni täydellinen jälkiruoka. Pehmeyttä, rapeutta ja taivaallinen maku ...

Crème brûlée:

1,5 dl sokeria	*2 dl maitoa*
6 keltuaista	*2 vaniljatankoa*
4 dl kuohukermaa	*ruokosokeria*

Vatkaa keltuaiset ja sokeri keskenään kovaksi vaahdoksi. Mittaa kattilaan kerma ja maito. Halkaise vaniljatangot pituussuunnassa ja kaavi siemenet pienellä veitsellä varovasti kerma-maidon sekaan. Kuumenna kiehumispisteeseen, älä kuitenkaan keitä. Kaada kuuma kermamaito nauhana keltuaisvaahdon joukkoon koko ajan hyvin sekoittaen. Jaa massa uuninkestäviin annosvuokiin. Kypsennä 90-asteisessa uunissa n. tunti. Jos tämän jälkeen crème brûléet eivät ole täysin jähmettyneet, niin jatka kypsentämistä vielä hetken ajan. Jäähdytä kylmäksi. Ennen tarjoilua ripottele jokaisen annoksen päälle hieman ruokosokeria ja polta pinta käsikaasupolttimella rapeaksi ja kauniin ruskeaksi.

Crème brûlée with cranberry syrup

One of the most famous dishes in the world, crème brûlée, is accompanied here by a sharp cranberry syrup. This is the perfect dessert in my opinion: soft and yet crisp and with a heavenly taste ...

Crème brûlée:

1.5 dl sugar	*2 dl milk*
6 egg yolks	*2 vanilla pods*
4 dl whipping cream	*cane sugar*

Beat the egg yolks and sugar together until fluffy but firm. Measure the cream and milk into a saucepan. Split the vanilla pods lengthways and scoop the contents out into the cream and milk carefully with a small knife. Bring to boiling point but do not boil. Pour a steady stream of hot cream and milk into the egg and sugar, stirring well all the time. Divide into portion-sized ovenproof dishes and bake in a 90°C oven for about an hour. If the crèmes brûlées have not set completely within this time continue cooking them for a moment longer. Cool them until they are cold. Sprinkle a little cane sugar on each portion just before serving and scorch the surface with a hand-held gas burner to make it crisp and give it a beautiful brown colour.

Karpalosiirappi:

200 g karpaloita
1 dl vettä
0,5 dl sokeria

Mittaa kattilaan vesi ja karpalot. Keitä 10 minuuttia. Siivilöi ja puristele mehu hyvin talteen. Kaada mehu vielä suodatinpaperin läpi, jotta mehusta saadaan täysin puhdasta. Keitä mehua sokerin kanssa miedolla lämmöllä, kunnes seos muuttuu siirappimaiseksi. Jäähdytä. Annostele karpalosiirappia ruokalusikallinen per annos.

Cranberry syrup:

200 g cranberries
1 dl water
0.5 dl sugar

Measure the water and cranberries into a saucepan and boil for 10 minutes. Strain and carefully squeeze out all the juice. Pass the juice through a filter paper as well to make sure that it is perfectly clear and then cook it with the sugar over a gentle heat until it has the consistency of syrup. Cool and pour one tablespoonful of syrup over each portion of crème brûlée.

Kaupunginvaltuuston puheenjohtajan pikkujouluillalliset 13.12.2006

- PUOLUKKAGRAAVATTUA SIIKAA, SIIANMÄTIÄ JA RUIS-SINAPPIKASTIKETTA
- PORON PAAHTOPAISTIA, LANTTU-HUNAJAKIUSAUSTA JA KORINTTIKASTIKETTA
- ROMMIHEDELMIÄ JA KIRSIKKACREME

Christmas dinner given by the Chairman of the City Council

- LINGONBERRY-SALTED WHITEFISH, WHITEFISH ROE AND RYE AND MUSTARD SAUCE
- ROAST RUMP OF REINDEER WITH SWEDE AND HONEY TEMPTATION AND CURRANT SAUCE
- FRUIT IN RUM WITH CHERRY CREAM

Puolukkagraavattua siikaa, siianmätiä ja ruis-sinappikastiketta

400 g siikafilee
2 rkl hienorakeista merisuolaa
sokeria
200 g puolukoita
200 g kotimaista siianmätiä

Poista siikafileestä rasvat ja ruodot. Levitä suola tasaisesti kalan pintaan ja ripottele päälle vähän hienoa sokeria. Anna maustua pari tuntia jääkaapissa.
Survo puolukat. Laita kalojen päälle harsoliina tai peitä ne auki revityillä suodatinpapereilla. Levitä puolukkasurvos kalojen päälle ja siirrä jääkaappiin maustumaan yön yli. Aseta siivilään suodatinpussi ja laita mäti siihen valumaan tunniksi ennen tarjoilua.

Ruis-sinappikastike:

1,5 dl Auran sinappia
2 rkl vaaleaa balsamiviinietikkaa
0,5 dl sokeria
suolaa ja pippuria
2–3 dl rypsiöljyä
0,5 dl rouhittua ruisleipää
tilliä

Mittaa monitoimikoneen kulhoon sinappi ja sokeri. Sekoita joukkoon etikka ja mausteet. Kaada öljy sekaan ohuena nauhana koko ajan voimakkaasti sekoittaen. Sammuta kone ja lisää ruisleipärouhe ja leikattua tilliä. Pyöräytä nopeasti sekaisin.

Lingonberry-salted whitefish, whitefish roe and rye and mustard sauce

400 g fillet of whitefish
2 tbsp fine-grained sea salt
sugar
200 g lingonberries
200 g whitefish roe

Remove the fat and bones from the fish. Spread the salt evenly on its surface and sprinkle a little granulated sugar on top. Allow to stand in a refrigerator for a couple of hours for the seasoning to take effect.

Crush the lingonberries. Place a muslin cloth over the fish or cover them with opened out coffee filters and spread the crushed lingonberries on top. Place in a refrigerator overnight so that the fish will absorb the flavour of the berries. Line a sieve with a coffee filter and put the whitefish roe in this to drain for an hour before serving.

Rye and mustard sauce:

1.5 dl Aura mustard
2 tbsp white balsamico vinegar
0.5 dl sugar
sea salt and black pepper
2–3 dl rapeseed oil
0.5 dl rye breadcrumbs
dill

Measure the mustard and sugar into the bowl of a multimixer. Mix in the vinegar and seasoning. Pour in the oil in a steady stream, mixing well all the time. Turn the machine off and add the breadcrumbs and chopped dill. Turn the mixer on again for a moment to stir these in quickly.

Poron paahtopaistia, lanttu-hunajakiusausta ja korinttikastiketta

1,2 kg poron paahtopaistia
voita
suolaa ja pippuria
rosmariininippu

Pidä paistipaloja pari tuntia huoneenlämmössä ennen niiden käsittelyä. Sulata pannussa hieman voita ja ruskista paistit kauttaaltaan. Mausta suolalla ja pippurilla. Leikkaa rosmariinista paistien pituisia pätkiä. Levitä pöydälle reilu pala tuorekelmua. Aseta paistit yksitellen kelmulle ja laita rosmariininoksia kunkin paistin alle sekä päälle. Kääri paistit kelmuun tiukasti. Anna maustua pari tuntia. Laita paistit uuniin kelmuineen ja paahda 80-asteisessa uunissa, kunnes lihan sisälämpötila on 55 astetta. Avaa kelmukääreet ja nosta paistit leikkuulaudalle vetäytymään 10 minuutiksi.

Huom! Tuorekelmu kestää yli 100 asteen lämpötilan. Tällä konstilla kaikki rosmariinin herkulliset aromit pysyvät varmasti tallessa.

Roast rump steak of reindeer with swede and honey temptation and currant sauce

1.2 kg reindeer rump steak
butter
freshly ground sea salt and black pepper
a bunch of rosemary

Keep the meat at room temperature for a couple of hours before beginning to prepare it for the oven. Melt a little butter in a pan and brown the pieces of meat all over. Season with salt and pepper. Cut sprigs of rosemary to the length of each piece. Spread a good-sized length of cling foil on the table and place the pieces of meat on it individually, with sprigs of rosemary above and below them. Wrap the meat tightly in the foil. Allow to stand for a couple of hours. Put the meat into the oven, still in the foil, and roast at 80°C until its inside temperature is 55°. Open the foil up and take the meat out onto a carving board for 10 minutes before serving.

By using cling foil, which will stand temperatures of over 100°C, you can make quite sure that the delicious aromas of the rosemary are kept intact.

Lanttu-hunajakiusaus:

1,2 kg lanttua kuorittuna
2–3 salottisipulia
voita
1 dl hunajaa
3–4 dl kuohukermaa
suolaa

Suikaloi lanttu ja sipulit ohuiksi. Sulata pannulla voita ja ruskista lanttu- ja sipulisuikaleet kevyesti. Kaada pannulle hunaja ja mausta suolalla. Kumoa seos uunivuokaan ja lisää kerma. Paista 150-asteisessa uunissa noin 1,5 tuntia.

Swede and honey temptation:

1.2 kg swede, peeled
2–3 shallots
butter
1 dl honey
3–4 dl whipping cream
freshly ground sea salt

Cut the swede and shallots into thin strips. Melt some butter in a pan and lightly brown the strips. Pour the honey over them and season with salt. Turn the mixture out into an oven dish and add the cream. Bake in a 150°C oven for about 1.5 hours.

Korinttikastike:

6 dl riistalientä
3 dl punaviiniä
0,5 dl punaviinietikkaa
0,5 dl korintteja
suolaa
sokeria

Valmista liemi s. 110 ohjeen mukaisesti. Mittaa kattilaan riistaliemi, punaviini ja punaviinietikka. Keitä kokoon, kunnes jäljellä on noin puolet. Suurin piirtein puolessa välissä keittämistä lisää kastikkeeseen korintit. Lopuksi mausta suolalla ja hyppysellisellä sokeria.

Currant sauce:

6 dl game stock
3 dl red wine
0.5 dl red wine vinegar
0.5 dl currants
freshly ground sea salt
sugar

Prepare the stock using the recipe on p. 110. Measure the stock, red wine and vinegar into a saucepan and reduce to about a half of the original volume. Add the currants about halfway through this process. Finally season with salt and a pinch of sugar.

Jos lisäät kiusaukseen hyvää savuporoa, niin saat siitä mainion yöruoan vaikkapa pikkujouluihin!

By adding smoked reindeer meat to this "temptation" you can make an excellent late-night snack for a Christmas party that goes on into the small hours!

Rommihedelmiä ja kirsikkacreme

1 dl vettä
2 dl sokeria
2 kanelitankoa
3 dl tummaa rommia
900 g hedelmiä puhdistettuina
(omena, luumu, päärynä, ananas, granaattiomena)

Leikkaa hedelmät sopiviksi suupaloiksi. Halkaise granaattiomena ja poista siemenet varovasti hedelmien joukkoon. Mittaa kattilaan vesi, sokeri ja kanelitangot. Kiehauta ja lisää rommi. Kaada lämmin liemi hedelmien päälle. Peitä hyvin ja anna maustua jääkaapissa 3–4 vuorokautta.

Kirsikkacreme:

50 g punaisia cocktailkirsikoita
1 vaniljatanko
2 dl kuohukermaa

Hienonna kirsikat veitsellä. Halkaise vaniljatanko pituussuunnassa ja kaavi siemenet pienellä veitsellä varovasti kulhoon. Lisää kulhoon kerma ja vatkaa vaahdoksi. Sekoita joukkoon hienonnetut kirsikat.

Fruit in rum with cherry cream

1 dl water
2 dl sugar
2 cinnamon sticks
3 dl dark rum
900 g fruit (apples, plums, pears,
pineapple, pomegranate), peeled and cleaned

Cut the fruit into suitable small pieces. Split the pomegranate in half and carefully take out the seeds and add them to the mixture of fruit. Place the water, sugar and cinnamon sticks in a saucepan, bring to the boil and add the rum. Pour the hot liquid on top of the fruit. Cover well and allow to stand in a fridge for 3–4 days.

Cherry cream:

50 g cocktail cherries
1 vanilla pod
2 dl whipping cream

Finely chop the cherries with a knife. Split the vanilla pod lengthways and scoop out the seeds carefully into a bowl with a small knife. Add the cream to the bowl and whip to a froth. Mix in the chopped cherries.

Kuvalähteet

Stan Ciosek/HKM 17, 31, 32, 39
J. Ervamaa/HKM 64
A. Federley/HKM 36
Helsingin kaupunginmuseo
14–15, 20, 21, 22, 23
Helsingin kaupungin taidemuseo/Kuvasto
16, 86
Kustannusosakeyhtiö Otava 58
Unto Laitila/HKM 66
Lehtikuva/Aarre Ekholm 61
Lauri Mannermaa 7, 69, 70, 72–73, 74, 77,
78, 81, 82, 85, 90, 91, 93, 94, 96, 99
Museovirasto, A. J. Johansson Prop., Helsinki 25
Roos/HKM 45
Hugo Sundström /HKM 54
Suomen rakennustaiteen museo 51
Weilin & Göös 10
Gustav Welin/HKM 8-9
E. J. Viitasalo/HKM 57

Photographs

Stan Ciosek/Helsinki City Museum
17, 31, 32, 39
J. Ervamaa/Helsinki City Museum 64
A. Federley/Helsinki City Museum 36
Helsinki City Art Museum /Kuvasto 16, 86
Helsinki City Museum 14–15, 20, 21, 22, 23
Unto Laitila/Helsinki City Museum 66
Lehtikuva/Aarre Ekholm 61
Lauri Mannermaa 7, 69, 70, 72–73, 74, 77,
78, 81, 82, 85, 90, 91, 93, 94, 96, 99
Museum of Finnish Architecture 51
National Board of Antiquities,
A. J. Johansson Prop., Helsinki 25
Otava Publishing Company 58
Roos/Helsinki City Museum 45
Hugo Sundström /Helsinki City Museum 54
Weilin & Göös 10
Gustav Welin/ Helsinki City Museum 8-9
E. J. Viitasalo/Helsinki City Museum 57

Viitteet

[1] Jussi Kuusanmäki, ”Kunnallisen kansanvallan kehitys ja kunnallishallinnon organisaatio 1875–1917”, teoksessa *Suomen kaupunkilaitoksen historia 2*, 1870-*luvulta autonomian ajan loppuun.* Toim. Päiviö Tommila. (Suomen Kaupunkiliitto, Vantaa, 1983), s. 56–58.

[2] Kuusanmäki, ibid., s. 61–63.

[3] H:gin kaupunginvaltuuston painetut asiakirjat N:o 15/1911, Esitys uuden kaupungintalon ja poliisitalon rakennuttamisesta Helsinkiin sekä Senaatintorin tasoittamisesta.

[4] Henrik Lilius, ”Kaupunkiyhteisö ja sen rakennukset”, teoksessa *Suomen kaupunkilaitoksen historia 2, 1870-luvulta autonomian ajan loppuun.* Toim. Päiviö Tommila. (Suomen kaupunkiliitto, Vantaa, 1983), s. 181–187.

[5] Senaatintorin eteläpuolen rakennusten vaiheista Helene Mattila, ”Kauppiaskorttelista hallintokortteliksi”, teoksessa *Kaupungin Leijona-sydän* (Helsingin kaupunginmuseo, Jyväskylä, 1998), s. 19–44.

[6] Sen jäseniksi nimitettiin pankinjohtaja, vapaaherra ja kaupunginvaltuutettu S. Griepenberg, kaupungininsinööri H. Norrmén, professori G. Nyström edellisestä komiteasta, liikemies J. Tallberg, yli-insinööri Th. Tallqvist sekä maistraatin puheenjohtaja, johtaja E. Öhman. Norrmén oli kokenut tie- ja vesirakennusalan ammattilainen, joka toimi Helsingin kaupungininsinöörinä vuosina 1892–1898. Tallberg oli helsinkiläinen monialayrittäjä, uuden sukupolven liikemies ja aktiivinen kunnallispoliittinen toimija. Rahatoimikamarin sihteeri Tallqvist oli toiminut Helsingin kaupungininsinöörinä (1877–1879) ja oli sittemmin tunnettu rautateiden rakentaja ja rautatiehallituksen ylijohtaja sekä porvarissäädyn valtiopäiväedustaja. Öhman oli toiminut vuodesta 1893 Helsingin telegrafikonttorin johtajana.

[7] Åsa Ringbom, ”Engel och Societetshuset”, teoksessa *Carl Ludvig Engel 1778–1840* (Helsingin kaupunginmuseo, 1990), s. 218–223.

[8] Helsingin Seurahuoneesta on kirjoitettu melko runsaasti. Tämä esitys perustuu, ellei muuta mainita, seuraaviin teksteihin: *Nya Pressen* 5., 7., ja 8.4.1913, ”Societetshuset. Några blad us dess historia I-III” sekä Yrjö Soini, *Vieraanvaraisuus ammattina I. Kulttuurihistoriallinen katsaus Suomen majoitus- ja ravitsemuselinkeinon kehitykseen* (Otava, 1963), Pertti Mustonen, *Ravintolaelämää. Kulttuurikuvia, nostalgiaa, kulinarismia* (Helsinki, Tammi, 1990), s. 9–30. Sven Hirn, *Från värdshus till Grand Hôtel. Hotell och restauranger i Helsingfors före självständighetstiden* (SLS, 2007), s. 18–21, Marja Pehkonen, ”Hotelli Seurahuone – kohtaamispaikka ja kulttuurin kehto” sekä Anne Salminen, ”Seurahuoneesta kaupungintaloksi”, teoksessa *Kaupungin Leijona-sydän* (Helsingin kaupunginmuseo, Jyväskylä, 1998), s. 153–173 ja 67–77.

[10] Seurahuoneen arkkitehtuurista ja sisätiloista Pekka Kärki, ”Helsingin kaupungintalo. Rakennushistorian

pääpiirteet", *Arkkitehti* N:o 3/1971, Kalevi Pöykkö, *C. L. Engel 1778–1840. Pääkaupungin arkkitehti.* Memoria 6. (Helsingin kaupunginmuseo, 1990), s. 129–133. Rakennuksen julkisivuvärityksestä Jaana Perttilä, "Mitä fragmentit kertovat nykyisen kaupungintalon julkisivuvärityksestä", teoksessa *Kaupungin Leijona-sydän* (Helsingin kaupunginmuseo, Jyväskylä, 1998), s. 85–98.

[11] *Nya Pressen* 5.5.1913, Societetshuset. Några blad ur dess historia I.

[12] *Nya Pressen* 5.5.1913, Societetshuset. Några blad ur dess historia I.

[13] *Helsingfors Tidningar* 22.6.1850, Promotionen. Käännös R. Martinsen.

[14] Einari Marvia & Matti Vainio, *Helsingin kaupunginorkesteri 1882–1982.* (Juva, 1993), s. 14–16.

[15] Marja Pehkonen, "Hotelli Seurahuone – kohtaamispaikka ja kulttuurin kehto", teoksessa *Kaupungin Leijona-sydän* (Helsingin kaupunginmuseo, Jyväskylä, 1998), s. 152–163.

[16] HKA, Valtuuston painetut asiakirjat N:o 15/1911, Esitys uuden kaupungintalon ja poliisitalon rakennuttamisesta Helsinkiin sekä Senaatintorin tasoittamisesta, s. 12–13.

[17] Komitean jäsenet olivat kaupungin rahatoimikamarin puheenjohtaja, vankeinhoitohallituksen ylijohtaja ja todellinen valtioneuvos Aleksis Griepenberg, rahatoimikamarin jäsen, liikemies ja maisteri Lennart Cajander, kaupungininsinööri Gabriel Idström, arkkitehti Armas Lindgren ja kaupungin asemakaava-arkkitehti Bertel Jung. Sihteerinä toimi rahatoimikamarin sihteeri, maisteri Georg Estlander.

[18] *Nya Pressen* 22.4.1911, Det nya stadshuset ja 25.4.1911, I stadshusfrågan (vastaukset G. Estlander & A. Lindgren) sekä *HBL* 25.4.1911, I stadshusfrågan ja 30.4.1911, Jac. Ahrenberg, Stadshusfrågan.

[19] HKA, Helsingin kaupunginvaltuuston pöytäkirja 28.3.1912.

[20] HKA, Kaupunginvaltuuston painetut asiakirjat N:o 68/1913, Lausunto luonnospiirustuksista Helsingin kaupunginvaltuustolle. Palkintolautakuntaan kuuluivat Tukholman Yli-intendenttiviraston ensimmäinen intendentti, professori I. C. Clason ja arkkitehti C. Westman Ruotsista, valtuuston puheenjohtaja A. Norrmén, Rahatoimikamarin puheenjohtaja A. Griepenberg, kunnallispormestari A. Aminoff ja kaupungininsinööri G. Idström. Arkkitehtiklubin edustajia olivat arkkitehdit O. Tarjanne, K. Wasastjerna, G. Strengell sekä rakennustarkastaja M. Griepenberg.

[21] Yhdeksän nimeä haki pohjaa Helsingistä, sen historiasta tai kilpailuajankohdasta (April, 1913, Nikolaikyrkan i silhuett, 1812, Helsingin vaakuna, Vanda, Stor-Helsingfors, Skutari, Vene jne.). Valtaosan inspiraatio tuli Välimeren maista, erityisesti Italiasta tai klassismin traditiosta (Ben al Bir, Casa con Torre, Salut, Decora Urbis, Commune Bonum, Forum, Palazzo Communale jne.).

[22] HKA, Kaupunginvaltuuston painetut asiakirjat N:o 72/1913, Lausunto uuden kaupungintalon rakentamista koskevassa asiassa. *Kertomus Helsingin kaupungin kunnallishallinnosta 1914*, s. 5.

[23] *HBL* 21.8.1924, Grunden sviker under gamla Socis ja *Svensk Press* 21.8.1924, Grunden fått en sänkning.

[24] *HBL* 28.11.1924, Ett nytt uppslag att provisoriskt lösa stadshusfrågan. Uttalande av stadsarkitekten Gunnar Taucher.

[25] *HBL* 13.11.1924, Lokaliteterna i rådhuset.

[26] HKA, kaupunginvaltuuston pöytäkirjat 12.1.1925.

[27] L. Lindgren, *Suomen eduskuntatalo. Kokonaistaideteos, itsenäisyysmonumentti ja kansallisen sovinnon representaatio*. SKS 875 (Tampere, 2002), s. 91–100.

[28] Laura Kolbe, ”Helsinki kasvaa suurkaupungiksi. Julkisuus, politiikka, hallinto ja kansalaiset 1945–2000.”, teoksessa *Helsingin historia vuodesta 1945, 3*: Kunnallishallinto ja politiikka & kunnallistalous (Helsingin kaupunki, Edita, 2002), s. 40–44.

[29] *Kertomus Helsingin kunnallishallinnosta 1931*, s. 243.

[30] Kaupunginvaltuuston painetut asiakirjat N:o 3/1931, Kaupunginhallituksen esitys erinäisten virkahuoneistojen muuttamisesta.

[31] *Svenska Pressen* 8.1.1932, Stadshuset ja *HBL* 9.1.1932, Högtidligt i huvudstadens ”hus”.

[32] HKA, Helsingin kaupunginvaltuuston pöytäkirja 7.1.1932. *Kertomus Helsingin kaupungin kunnallishallinnosta 1932*, s 23.

[33] *Svenska Pressen* 7.1.1932, Stadens nya lokaliteter invigs. En rundvandring genom de nyinredda ämbetslokalerna.

[34] Kaupunginhallituksen jäsenet edestä myötäpäivään pöydän ympäri: Bertil Nybergh (Rkp), apulaiskaupunginjohtaja Einar Moring, apulaiskaupunginjohtaja Erik von Frenckell, kaupunginvaltuuston puheenjohtaja Eero Rydman, ylipormestari Antti Tulenheimo, apulaiskaupunginjohtaja Johan Helo, vt. apulaiskaupunginjohtaja Kalle Hyvärinen, apulaiskaupunginjohtaja J. W. Keto, Pekka Railo (Sdp), Yrjö Räisänen (Sdp), V. V. Salovaara (Sdp), Martta Salmela-Järvinen (Sdp), Eino Tulenheimo (Kok), Eino Suolahti (Kok), Georg von Wendt (Rkp) ja Erik von Schantz (Rkp). Takana kaupunginhallituksen työssä mukana olleita virkamiehiä.

[35] Helsingin vuoden 1945 jälkeinen kaupungintalokysymys ja muut virastorakennukset, ks. Kolbe, Helsinki kasvaa suurkaupungiksi, s. 132–137.

[36] Bengt Broms, *Elämää sivusta*, Helsinki, s. 202.

[37] *Arkkitehti* N:o 3/1971, Aarno Ruusuvuori, Helsingin kaupungintalo, kortteli n:o 30, Leijona-Lejonet.

[38] HKA, *KHM 1959*, N:o 2, Kaupungin virastojen sijoittaminen kaupungintaloon ja sen läheisyyteen, s. 24.

[39] V. Helander & M. Sundman, *Kenen Helsinki?* (Helsinki, 1970), s. 71–73.

[40] Kolbe, Helsinki kasvaa suurkaupungiksi, s. 298–299.

[41] Kaupungintalon taiteesta vuoden 1970 avajaisten jälkeen, ks. Kerttuli Wessman, ”Tila ja taide. Helsingin kaupungintalon monumentaaliteokset”, teoksessa *Kaupungin Leijona-sydän* (Helsingin kaupunginmuseo, Jyväskylä, 1998), s. 134–144.

[42] Kolbe, Helsinki kasvaa suurkaupungiksi, s. 40–44.

[43] *Kertomus Helsingin kaupungin kunnallishallinnosta 1937*, s. 128.

[44] *Kertomus Helsingin kaupungin kunnallishallinnosta 1938*, s. 1950. Valtiovierailuista ks. Kolbe, Helsinki kasvaa suurkaupungiksi, s. 98–100.

[45] *Kaupungintalokorttelit – konsepti ja ideasuunnitelma*. Toim. Arkkitehtitoimisto K25 ja työryhmä (Helsinki, 2006), s. 4.

HKA = Helsingin kaupunginarkisto

Notes

[1] Jussi Kuusanmäki, ”Kunnallisen kansanvallan kehitys ja kunnallishallinnon organisaatio 1875–1917”, in *Suomen kaupunkilaitoksen historia 2*, 1870-luvulta autonomian ajan loppuun. Ed. Päiviö Tommila. Suomen Kaupunkiliitto: Vantaa, 1983, pp. 56–58.

[2] Kuusanmäki, ibid., pp. 61–63.

[3] Printed documents of Helsinki City Council, No. 15/1911), Proposal for the building of a new city hall and police station in Helsinki and levelling of the Senate Square.

[4] Henrik Lilius, ”Kaupunkiyhteisö ja sen rakennukset”, in *Suomen kaupunkilaitoksen historia 2*, 1870-luvulta autonomian ajan loppuun. Ed. Päiviö Tommila. Suomen kaupunkiliitto: Vantaa, 1983, pp. 181–187.

[5] On the history of the buildings on the south side of the Senate Square, see Helene Mattila, Kauppiaskorttelista hallintokortteliksi, in *Kaupungin Leijona-sydän* (Helsingin kaupunginmuseo: Jyväskylä, 1998), pp. 19–44.

[6] Its members were Baron S. Griepenberg, the engineer H. Norrmén, Prof. G. Nyström from the previous committee, the businessman J. Tallberg, the senior engineer T. Tallqvist and the manager E. Öhman. Norrmén was an experienced road and waterworks engineer who was City Engineer in Helsinki in 1892–1898, Tallberg was a Helsinki entrepreneur with a variety of interests, a businessman of the new generation and active in local government politics, Tallqvist, who was secretary to the City Exchequer, had been City Engineer in 1877–1879 and later made a name for himself as a builder of railways, Director-General of the National Board of Railways and a bourgeois representative in the Diet, and Öhman had been director of the Helsinki Telegraph Office since 1893.

[7] Åsa Ringbom, "Engel och Societetshuset", in *Carl Ludvig Engel 1778–1840*. Helsinki City Museum, 1990, pp. 218–223.

[8] A fair amount has been written about the Society House in Helsinki. Except where otherwise mentioned, the present account is based on the following: *Nya Pressen* 5, 7 and 8.4.1913, "Societetshuset. Några blad us dess historia I-III"; Yrjö Soini, *Vieraanvaraisuus ammattina I*. Kulttuurihistoriallinen katsaus Suomen majoitus- ja ravitsemuselinkeinon kehitykseen (Otava, 1963); Pertti Mustonen, *Ravintolaelämää.* Kulttuurikuvia, nostalgiaa, kulinarismia (Tammi, 1990), pp. 9–30; Sven Hirn, *Från värdshus till Grand Hotel.* Hotell och restaurangen i Helsingfors före självständighetstiden (SLS, 2007), pp. 18–21; Marja Pehkonen, "Hotelli Seurahuone – kohtaamispaikka ja kulttuurin kehto" and Anne Salminen, "Seurahuoneesta kaupungintaloksi", in *Kaupungin Leijona-sydän* (Helsingin kaupunginmuseo, Jyväskylä, 1998), pp. 153–173 and 67–77.

[10] On the architecture and interiors of the Society House, see Pekka Kärki, "Helsingin kaupungintalo. Rakennushistorian pääpiirteet", *Arkkitehti*, No. 3/1971; Kalevi Pöykkö, *C.L. Engel 1778–1840. Pääkaupungin arkkitehti*. Memoria 6. Helsingin kaupunginmuseo, 1990, pp. 129–133. On the colouring of the façade, see Jaana Perttilä, "Mitä fragmentit kertovat nykyisen kaupungintalon julkisivuvärityksestä", in *Kaupungin Leijona-sydän* (Helsingin kaupunginmuseo: Jyväskylä, 1998), pp. 85–98.

[11] *Nya Pressen* 5.5.1913, Societetshuset. Några blad ur dess historia I. Only the first verse of the song is included here.

[12] *Nya Pressen* 5.5.1913, Societetshuset. Några blad ur dess historia I.

[13] *Helsingfors Tidningar* 22.6.1850, Promotionen. Based on a Finnish translation by R. Martinsen.

[14] Einari Marvia & Matti Vainio, *Helsingin kaupunginorkesteri 1882–1982*. (Juva: 1993), pp. 14–16.

[15] Marja Pehkonen, "Hotelli Seurahuone – kohtaamispaikka ja kulttuurin kehto", teoksessa *Kaupungin Leijona-sydän* (Helsingin kaupunginmuseo: Jyväskylä, 1998), s. 152–163.

[16] Helsinki City Archives, Printed documents of Helsinki City Council No. 15/1911, Esitys uuden kaupungintalon ja poliisitalon rakennuttamisesta Helsinkiin sekä Senaatintorin tasoittamisesta, pp. 12–13.

[17] The members of the committee were the chairman of the City Exchequer, Director-General of the National Board of Prisons and a true statesman Aleksis Griepenberg, the business and member of the City Exchequer Lennart Cajander, Phil.Mag., the City Engineer Gabriel Idström, the architect Armas Lindgren and the City Planning Officer Bertel Jung. The secretary was Georg Estlander, Phil.Mag., secretary to the City Exchequer.

[18] *Nya Pressen* 22.4.1911, Det nya stadshuset, and 25.4.1911, I stadshusfrågan (replies to G. Estlander & A. Lindgren), see also *Hufvudstadsbladet* 25.4.1911, I stadshusfrågan, and 30.4.1911, Jac. Ahrenberg, Stadshusfrågan.

[19] Helsinki City Archives, Minutes of the City Council meeting 28.3.1912.

[20] Helsinki City Archives, Printed documents of Helsinki City Council No. 68/1913, Lausunto luonnospiirustuksista Helsingin kaupunginvaltuustolle. The members of the competition jury were Prof. I. C. Clason, First Inspector at the Stockholm Supervision Bureau, and the architect C. Westman, both from Sweden, A. Norrmén, chairman of the City Council, A. Griepenberg, chairman of the City Exchequer, the Mayor, A. Aminoff, and the City Engineer, G. Idström. The Architects' Club was represented on the jury by the architects O. Tarjanne, K. Wasastjerna and G. Strengell and the building inspector M. Griepenberg,

[21] Nine of the titles alluded to Helsinki, its history or the theme of the competition (April, 1913, The Church of St. Nicholas in Silhouette, 1812, The Coat of Arms of Helsinki, Vantaa, Greater Helsinki, Skutari, The Boat etc.), while the majority took their inspiration from the Mediterranean countries, especially Italy, or the Classical tradition (Ben al Bir, Casa con Torre, Salut, Decora Urbis, Commune Bonum, Forum, Palazzo Communale, etc.).

[22] Helsinki City Archives, Printed documents of Helsinki City Council No. 72/1913, Lausunto uuden kaupungintalon rakentamista koskevassa asiassa.

Kertomus Helsingin kaupungin kunnallishallinnosta 1914, p. 5.

[23] *Hufvudstadsbladet* 21.8.1924, Grunden sviker under gamla Socis, and *Svensk Press* 21.8.1924, Grunden fått en sänkning.

[24] *Hufvudstadsbladet* 28.11.1924, Ett nytt uppslag att provisoriskt lösa stadshusfrågan. Uttalande av stadsarkitekten Gunnar Taucher.

[25] *Hufvudstadsbladet* 13.11.1924, Lokaliteterna i rådhuset.

[26] Helsinki City Archives, Minutes of the City Council meeting 12.1.1925.

[27] L. Lindgren, *Suomen eduskuntatalo. Kokonaistaideteos, itsenäisyysmonumentti ja kansallisen sovinnon representaatio*. SKS 875 (Tampere, 2002), pp. 91–100.

[28] Laura Kolbe, "Helsinki kasvaa suurkaupungiksi. Julkisuus, politiikka, hallinto ja kansalaiset 1945–2000.", in *Helsingin historia vuodesta 1945 3*: Kunnallishallinto ja politiikka & kunnallistalous (Helsingin kaupunki: Edita, 2002), pp. 40–44.

[29] *Kertomus Helsingin kunnallishallinnosta 1931*, p. 243.

[30] Printed documents of Helsinki City Executive Board No. 3/1931, Kaupunginhallituksen esitys erinäisten virkahuoneistojen muuttamisesta.

[31] *Svenska Pressen* 8.1.1932, Stadshuset, and *Hufvudstadsbladet* 9.1.1932, Högtidligt i huvudstadens "hus".

[32] Helsinki City Archives, Minutes of the City Council meeting 7.1.1932. *Kertomus Helsingin kaupungin kunnallishallinnosta 1932*, p 23.

[33] *Svenska Pressen* 7.1.1932, Stadens nya lokaliteter invigs. En rundvandring genom de nyinredda ämbetslokalerna.

[34] Members of the City Board (clockwise around the table): Bertil Nybergh (Swed.), Einar Moring, deputy mayor, Erik von Frenckell, deputy mayor, Eero Rydman, chairman of the City Council, Antti Tulenheimo, mayor, Johan Helo, deputy mayor, Kalle Hyvärinen, acting deputy mayor, J. W. Keto, deputy mayor, Pekka Railo (Soc. Dem.), Yrjö Räisänen (Soc. Dem.), V. V. Salovaara (Soc. Dem.), Martta Salmela-Järvinen (Soc. Dem.), Eino Tulenheimo (Cons.), Eino Suolahti (Cons.), Georg von Wendt (Swed.) and Erik von Schantz (Swed.). In the background are officials involved in the work of the City Board.

[35] On the city hall question after 1945 and other city office buildings, see Laura Kolbe, "Helsinki kasvaa suurkaupungiksi. Julkisuus, politiikka, hallinto ja kansalaiset 1945–2000.", in *Helsingin historia vuodesta 1945 3*: Kunnallishallinto ja politiikka & Kunnallistalous. Helsingin kaupunki: Edita, 2002, pp. 132–137.

[36] Bengt Broms, *Elämää sivusta*, Helsinki, p. 202.

[37] *Arkkitehti* No. 3/1971, Aarno Ruusuvuori, Helsingin kaupungintalo, kortteli n:o 30, Leijona-Lejonet.

[38] Helsinki city archives, *1959*, No. 2, Kaupungin virastojen sijoittaminen kaupungintaloon ja sen läheisyyteen, p. 24.

[39] V. Helander & M. Sundman, *Kenen Helsinki?* (Helsinki, 1970), pp. 71–73.

[40] Kolbe, Helsinki kasvaa suurkaupungiksi, pp. 298–299.

[41] On works of art in Helsinki City Hall after its reopening in 1970, see Kerttuli Wessman, "Tila ja taide Helsingin kaupungintalon monumentaaliteokset", in *Kaupungin Leijona-sydän* (Helsingin kaupunginmuseo: Jyväskylä, 1998), pp. 134–144.

[42] Kolbe, Helsinki kasvaa suurkaupungiksi, pp. 40–44.

[43] *Kertomus Helsingin kaupungin kunnallishallinnosta 1937*, p. 128.

[44] *Kertomus Helsingin kaupungin kunnallishallinnosta 1938*, p. 1950. On state visits, see Kolbe, Helsinki kasvaa suurkaupungiksi, pp. 98–100.

[45] *Kaupungintalokorttelit – konsepti ja ideasuunnitelma*. Ed. Architects' Office K25 and working group (Helsinki, 2006), p. 4.

Henkilöhakemisto Index